KB239994

자기주식취득
의사결정 요인

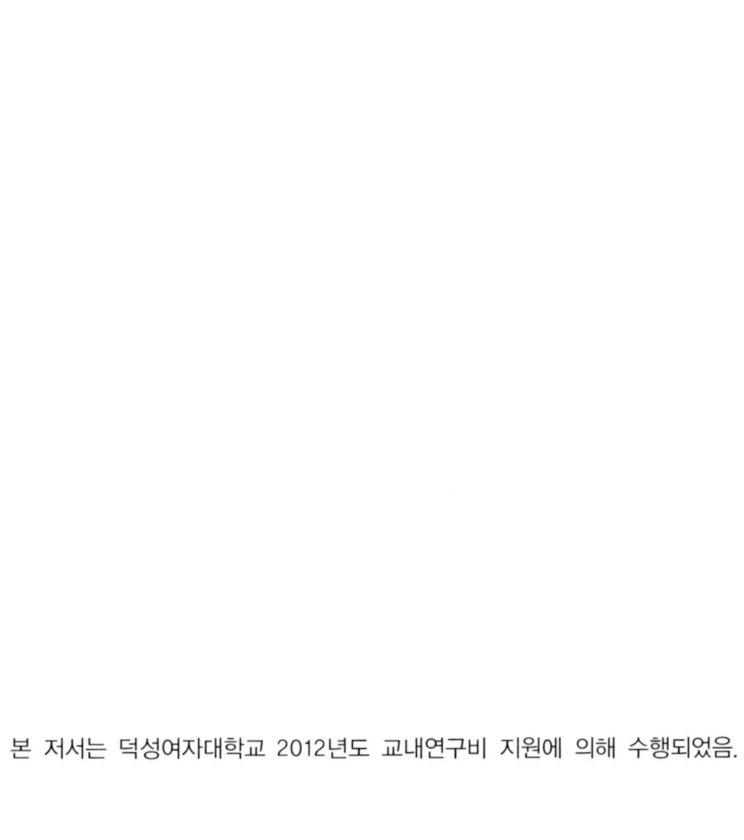

본 저서는 덕성여자대학교 2012년도 교내연구비 지원에 의해 수행되었음.

Decision-making Factors for Stock Repurchase

자기주식취득
의사결정 요인

주석배 · 소재환 지음

머리말

　현대기업의 경영목표는 기업이윤을 극대화하는 데 있다. 그리고 이러한 기업목표를 달성하기 위해 자본가는 자본을 십석하여 노동력, 원재료, 경영과 기술을 구입하고 이를 결합하여 생산된 생산물의 판매활동을 통해 기업이윤을 극대화한다. 이러한 기업의 활동을 영업활동이라고 한다.

　마코위츠의 포트폴리오 이론이 대두되기 전만 해도 기업은 생산활동에 필요한 기능자본을 조달하는 데 있어서 최소비용으로 자본을 조달하는 문제가 논의의 중심이 됨으로써 재무관리에서는 자본구조이론이 중심이론이 되었다. 그러나 마코위츠의 이론이 소개되면서 재무관리에서는 자본조달에 따른 저비용의 문제도 중요하지만 조달된 자본의 효율적 운용이란 측면에서 자산구조이론의 중요성이 대두되기 시작하였다. 그러면서 조달된 자본의 효율적인 운용과 투자를 통해 기업이윤을 극대화하는 문제에 관심을 갖게 되었다.

　기업은 이처럼 영업활동과 투자활동에 필요한 자금을 조달하는 데 있어서 상법에서는 자본을 소액의 주식으로 분할하여 조달할 수 있고, 주주들의 투자자본의 회수를 원활히 하기 위해 주식에 대한 양도를 제한하지 못하도록 하고 있다. 그러나 회사가 자기주식의 취득을 허용하는 경우에는 자본의 충실·유지를 해할 우려가 있기 때문에 우리나라는 물론 자본주의 경제체제하에서는 회사의 자기주식취득을 원칙적으로 금지 또는 제한하고 있다. 그러나 최근에는 회사가 자기주식의 취득에 따른 역기능보다는 순기능을 고려하여 관계법을 개정하여 자기주식취득에 따른 문제점을 해소하면서 회사가 자기주식취득을 허용하는 방향으로 완화되고 있는 실정이다. 더욱이 회사의 자기주식취득은 기업가치 제고, 주가안정, 경영권보호, 자금조달, M&A, 투자대상자산 등의 다양한 목적으로 이용되면서 우리나라를 비롯한 선진국에서도 자기주식취득과 처분이 원활하게 진행될 수 있도록 자기주식의 취득과 처분에 대한 매매제도를 마련함으로써 공개시장을 통해 자기주식취득이 활발하게 이루어지고 있으며, 회사의 자기주식취득제도가 재무전략상으로 많이 이용되고 있다.

한편, 자기주식의 매매거래가 활발하게 이루어지면서 국내외 많은 학자들이 자기주식취득에 대한 동기이론을 비롯해 많은 영역에서 다양한 연구를 하고 있다. 그러나 자기주식에 대한 연구가 활발히 이루어지고 있음에도 현실적으로 자기주식에 대한 이론이나 제도에 대하여 소개된 이론서가 거의 없다고 해도 과언이 아닐 것이다. 따라서

자기주식을 연구하는 학자들이나 회사에서 실무에 종사하는 사람들
노 사기주식취득제노에 대한 이본석 섭근이 용이하지 않아 자기수
식에 대한 심층적인 연구와 업무 능률을 향상시키기 어려운 실정이
다. 그 때문에 자기주식취득제도에 대한 이해를 제고시키기 위해서
는 자기주식에 대한 이론적 틀을 마련하는 것도 중요한 과제라고 생
각된다.

따라서 본 저자들은 덕성여자대학교의 2012년도 교내연구비의 지
원을 받아 지금까지 수집된 자료를 정리하고, 또한 본 저자들이 연
구한 결과를 모아 작은 책을 발간하게 되었다. 이 책을 발간하기까
지 협력해주신 많은 분들께 감사의 뜻을 전한다.

2013. 9. 28.

연구실에서

주석배·소재환

목차

표 목차

그림 목차

1장

자기주식제도의 개요

제1절 자기주식제도의 개념

사본주의 경세체세하에서의 내표적인 기업은 주식회사이다. 주식회사제도는 전형적인 자본이 결합된 물적 회사로서 주식의 양도를 통한 주주의 자유로운 지위이전과 투자한 자본에 대한 회수를 전제로 하고 있다. 그 때문에 자본주의 경제체제에서의 주식회사제도는 주식의 양도가 자유롭게 이루어지는 것을 원칙으로 하고 있으며, 주식의 양도는 주식회사법의 기본원리가 되고 있으며, 제도적으로도 보장되고 있다. 그러나 회사가 자기주식의 취득을 무제한으로 취득할 수 있도록 인정되는 경우, 회사 자신은 물론 주주나 채권자 등의 이해관계자에게 손실을 주는 등 여러 가지 폐해가 발생할 수 있다. 그래서 자본주의 경제체제를 지향하는 국가에서는 주식양도의 자유를 원칙으로 하되 국가의 정책과 국민정서에 따라 주식의 양도를 제한하는 경우가 있는데 이 경우가 자기주식취득금지 내지 제한이다. 일반적으로 자본주의 경제체제의 국가에서는 회사법에서 두 가지 방법에 의해 회사의 자기주식취득에 대한 규제를 하고 있다. 하나는 회사가 자기주식을 취득하고자 하는 경우 주주총회 또는 이사회의 승인이나 주권 면에 양도제한의 취지를 삽입하여 규정하는 등의 방법에 의하여 자기주식취득을 원칙적으로 제한하고, 예외적으로 특정의 목적이나 조건의 경우에 한하여 기업이 자기주식을 취득할 수 있도록 하는 방법이다. 다른 하나는 자기주식을 취득할 수 없는 경우를 규정하고, 원칙적으로 자기주식의 취득을 허용하는 방법이다. 이처럼 자본주의 경제체제의 국가에서는 자기주식을 취득하는 경우 나타날 수 있는 부작용을 최소화하기 위해 이를 제도화하여 자기주식의 취득을 엄격히 규제하면서도 최근에는 기업이 주요 재무정책으로 자기주식을 활용할 수 있도록 자기주식의 취득이나 처분을 일정한 조건하에서 허용하고 있는 추세이다.

우리나라에서도 초기에 상법으로 자기주식의 취득을 원칙적으로 제한하고, 자기주식의 소각, 회사의 합병, 주주들의 매수청구가 있는 경우 등 일부 예외적인 경우에는 허용하여 왔다. 그러나 1992년 5월부터 자본시장의 개방이 확대됨에 따라 외국인의 적대적 인수·합병이 인정되면서 상장기업의 경영권방어의 수단으로 자기주식의 취득의 필요성이 제기되었다. 또한, 기업이 자기주식을 취득하는 경우 나타날 수 있는 역기능보다 순기능에 대한 인식이 높아지게 되었다. 특히 기업에서 자기주식의 취득과 처분이 재무전략상 하나의 중요한 과제로 인식되기 시작하였다. 이에 1992년 8월 1차적으로 투자신탁의 자사주 펀드를 통한 간접취득방식이 처음으로 도입되었다. 그러나 이 제도는 사실상 상장회사들의 자기주식취득자금을 투자신탁회사가 공동기금으로 운용하기 때문에 개별상장회사의 경영권보호나 주가안정관리에는 크게 영향을 주지 못하였으며, 기업의 경영권보호 장치로서는 적절하지 못하다는 비판이 제기되었다.

그래서 정부는 상법의 개정이 어렵고, 또한 경영권보호의 필요성
이 상장기업에 절실하다는 인식하에 1994년 5월 증권거래법의 개정
을 통해 자기주식취득제도를 도입하여 유가증권시장에서 자기주식
에 대한 직접취득방식을 허용하고 이에 다른 자기주식취득과 관련
된 제도를 마련하였다. 아울러 1999년에는 기업이 시장에 직접 참여
하여 자기주식을 취득하는 경우에는 시세조종 등 불공정성거래가
발생할 가능성을 인지하고 이를 방지하는 방안으로 특정금전신탁을
통한 자기주식에 대한 취득방식을 도입하여 회사가 자기주식을 간
접적으로 취득할 수 있는 길을 열어주었디 이에 따라 최근에는 신
탁계약 등을 통한 자기주식취득방식이 일반적인 간접취득방식으로
또한 활용되고 있다.

이처럼 자기주식의 취득과 처분에 대한 규제가 완화되고, 또한 자
기주식의 취득과 처분이 원활하게 이루어질 수 있도록 자기주식의
매매거래제도가 마련되면서 기업의 자기주식의 취득과 처분에 대한
활동이 활발해지기 시작하였다.

제2절 자기주식제도의 목적

기업이 자기주식을 취득하는 것은 자본이 줄어드는 일종의 자본 공동화 현상 등 많은 부작용이 따를 수 있다. 그럼에도 기업이 재무정책을 수립하는 과정에서 자기주식을 취득하거나 처분하는 데에는 반드시 그 동기와 목적이 있을 것이다. 즉, 기업은 자기주식을 취득 또는 처분을 통해 향후 기업의 재무환경개선이나 기업의 이해관계자들과 이해관계 개선 등 기업의 내·외부환경의 개선을 위해 재무전략적으로 자기주식을 취득할 것이다. 이처럼 자기주식의 취득 동기가 기업이 추구하고자 하는 향후 목표를 달성하기 위해서 행해진다면, 자기주식을 취득 또는 처분하는 활동은 기업의 재무활동이나 투자활동으로서 재무정책을 수립하는 과정에서 매우 중요한 과제가 될 것이다.

최근에는 우리 경제가 개방경제를 지향하면서 기업들은 예측하지 못하는 많은 현안들이 발생할 가능성이 매우 높아졌다. 따라서 자기주식의 취득에 따른 역기능만 고려하여 자기주식취득을 제한한다면 순기능에 따른 기업활동과 기업이익을 오히려 위축시키는 결과를 가져올 수 있다. 따라서 자기주식취득으로 인한 문제를 최소화하고, 기업이 자기주식취득을 통한 다양한 목적을 달성할 수 있도록 하기 위해 정부는 자기주식의 취득을 허용하였으며, 또한 자기주식의 매매거래가 시장에서 원활하게 이루어질 수 있도록 하기 위해 자기주식취득제도를 도입하였다. 여기에 자기주식의 취득과 처분이 회사의 중요한 재무전략으로 적극 활용되면서, 최근 들어 자기주식의 취득과 처분활동이 활발히 진행되고 있다.

특히 상장회사는 일반 회사에 비해 자기주식의 취득범위가 넓고 다양한 목적으로 자기주식을 취득할 수 있는 능 자기주식의 취득에 대한 특례가 인정되며, 자기주식의 취득과 처분은 당해 상장회사의 경영권안정 및 주가에도 큰 영향을 미치는 등 증권시장과도 직접적인 관련을 가지고 있다. 한편으로는 자기주식의 취득활동을 통해 회사가 주식소각, 회사합병 또는 타 회사 영업전부의 양수, 회사권리의 실행, 단주처리, 주식매수청구권을 행사하는 때는 물론, 상장회사의 주가안정, 경영권보호, 주주가치 제고, 타 회사의 자기주식 맞교환 등의 지분교류, 그리고 기업홍보 등 다양한 목적을 위해 수행할 수 있게 되었다. 다른 한편으로는 자기주식의 처분을 통하여 재무구조 개선 및 유동성 확보, 주식매수선택권 행사에 따른 주권교부, 임직원에게 성과급 등으로 주식지급, 교환사채의 발행, 국내외협력사 등과의 관계강화 등 다양한 목적으로 행하여질 수 있다. 이처럼 자기주식제도는 기업이 자기주식의 취득·처분을 통해 새로운 국내외의 환경변화에 유동적으로 대처할 수 있도록 하는 데 그 목적이 있다.

이러한 자기주식취득의 목적이나 동기는 자기주식의 취득을 통해 기업의 재무구조나 기업의 환경을 개선하려는 사후적 목적이 있다.

그러나 이제 자기주식의 취득과 처분의 동기를 유발하는 요인을 찾는 것 또한 매우 중요한 일이라고 할 수 있다. 즉, 자기주식취득 이전에 기업이 어떠한 환경에서 자기주식을 취득하거나 처분하기로 결정을 하고 있는가에 대한 의사결정 요인에 대한 문제도 기업의 재무정책결정에 있어서 고려해야 할 매우 중요한 일이라고 할 수 있다. 따라서 여기에서는 자기주식의 취득을 결정하는 요인, 즉 자기주식취득을 결정하는 사전적 동기에 대한 연구 결과를 소개하고자 하는 데 목적이 있다.

제3절 자기주식에 대한 연구

자본주의 경제체제하의 국가에서 자기주식의 취득 및 저분의 제도가 정착되고, 기업이 자기주식의 취득과 처분을 재무전략적으로 이용하기 시작하면서 회사의 자기주식의 취득과 처분의 활동이 활발해지기 시작하였다. 이에 따라 자기주식취득제도에 대한 관심이 높아지면서 Miller와 Modigliani(1961) 등 많은 학자들에 의해서 자기주식의 취득과 처분에 따른 연구가 활발하게 진행되고 있으며, 주요한 연구로는 자기주식취득에 대한 공시효과, 자기주식취득기업의 비정상수익률과 재무변수의 관계, 자기주식의 배당대체분석 등 자기주식취득 동기에 대한 연구가 활발하게 이루어지고 있다.

우리나라에서도 공개시장에서 자기주식에 대한 직·간접적인 취득이 허용됨에 따라서 상장회사들의 자기주식의 취득은 좀 더 자유로워지게 되었고, 자기주식의 취득과 처분은 상장회사의 재무정책의 하나로 자리를 잡게 되었다. 더 나아가서 공개시장에서 자기주식의 매매거래가 비교적 활발하게 진행되면서 자기주식에 대한 매매제도는 공개시장에서 중요한 하나의 정책수단으로 자리를 잡게 되었다.

이에 우리나라에서도 많은 학자들이 자기주식의 취득과 처분에 대한 관심이 높아지면서 연구가 활발히 진행되고 있다. 그러나 지금까지 자기주식취득과 처분에 관한 연구 역시 자기주식을 직·간접적으로 취득한 회사를 분석대상으로 비정상수익률에 의한 공시효과분석, 장·단기의 성과분석, 그리고 자기주식취득에 따른 배당·기업가치·현금흐름·레버리지 등의 취득 동기에 대한 연구가 보편적으로 많이 행하여지고 있다.

그런데 기업이 제시한 동기는 두 개의 방향으로 접근할 수 있다. 하나는 자기주식취득으로 인한 특정요인들의 사후적 변화 상태를 확인하는 것으로 이는 자기주식취득의 목적이 될 수 있다. 또 다른 하나는 자기주식취득의 동기가 사후적인 목적이 아니라 사전적인 요인으로 인해 자기주식취득을 결정하는 문제이다. 이것이 자기주식취득을 결정하는 요인이다. 즉, 의사결정 요인을 구하는 것이다. 그런데 지금까지의 국내외 연구는 대부분 사후적 목적을 위해 자기주식을 취득하는 동기에 대한 연구이며, 현재의 기업의 재무구조나 기업환경을 해결하기 위해 자기주식을 취득하게 되는 사전적 동기, 즉 자기주식취득을 결정하는 요인에 대한 분석은 매우 미진한 상태에 있다.

따라서 본서에서는 자기주식취득에 대한 재무전략적 의사결정 요인이 무엇인가에 대한 연구결과를 기술하고 있다. 즉, 회사가 자기주식을 취득하기 위해 취득신고서를 제출할 때 신고서에 명시한 동기는 일반적으로 법률에서 허용된 동기라고 할 수 있다. 그러나 회사는 이러한 법률적 동기보다는 재무전략적 동기에 의해 자기주식취득을 결정할 수 있기 때문에 법률적 동기와 재무전략적 동기는 일치하지 않을 수 있다. 따라서 자기주식취득신고서에 기업이 제시하고 있는 취득 동기를 기준으로 동기별로 그룹을 구분하고, 그룹별로 자기주식취득에 대한 사전적 재무의사결정 요인이 무엇이며, 자기주식취득을 결정하는 데 있어서 모든 동기그룹에 공히 적용되는 요인이 무엇인가를 분석한 결과와, 또한 자기주식취득에 관한 법적 동기와 재무전략적 의사결정 요인이 일치하고 있는가의 여부를 분석한 결과를 기술하였다.

특히 기업의 재무관리의 목적은 기업가치의 극대화에 있다. 따라서 자기주식의 취득과 처분에 대한 의사결성은 석정 규모의 자기주식의 취득을 통해서 재무구조를 변화시켜 기업가치의 극대화(=주주이익의 극대화)라는 측면과 주가변화에 의한 주주가치의 극대화라는 재무 측면, 그리고 이 외에도 경영권보호와 기업합병 방지 등의 기업환경 측면에서 이루어지고 있다. 그리고 자기주식을 취득 또는 처분하였을 때 발생하는 불공정성 행위 여부의 문제도 매우 중요하다. 따라서 기업들이 재무전략상 자기주식의 취득과 그 수량을 결정하는 요인이 무엇이며, 기업들이 제시하고 있는 동기와 재무전략상 동기의 일치성 여부를 파악하는 것은 매우 중요한 일이다.

2장

자기주식취득에 대한 이론적 고찰

제1절 자기주식취득금지 이론

Ⅰ. 자기주식취득금지의 개요

1. 자기주식취득금지의 원칙

자기주식(own stock)의 취득이란 회사가 이미 발행한 자기의 주식을 주주로부터 자기의 계산으로 다시 취득하는 것을 말한다. 이처럼 회사가 취득한 자기주식을 일반적으로 금고주(treasury stock), 사내주, 재취득주(repurchures stock) 또는 저장주(store stock)라고 한다.

회사가 자기주식을 취득하는 경우에는 회사 자신이나 회사의 이해관계자에게 손실을 주는 역기능이 있다. 그래서 자본주의 경제체제의 국가에서는 자기주식취득을 원칙적으로 금지하고, 예외적으로 특정 목적에서만 자기주식의 취득을 허용하거나 또는 일정한 조건에서만 자기주식을 취득하도록 하는 등 자기주식을 취득하는 행위를 원칙적으로 금지 또는 제한하고 있다.

우리나라의 2011년 4월 이전의 상법에서는 회사가 자기의 주식을 취득하거나 질권의 목적으로 이를 받을 수 없다고 규정하고 있어 원칙적으로 자기주식취득을 금지하고 있으면서, 예외적으로 자기주식의 취득을 인정하였다. 여기에서 자기주식취득금지는 회사가 자기의 명의와 계산으로 자기주식을 취득하는 경우는 물론이며, 타인의 명의 또는 가공의 명의라도 회사의 계산으로 하는 모든 취득은 금지의 원칙이 적용된다. 이처럼 회사가 자기의 주식을 자기의 명의와 계산으로 취득하는 경우나 제3자로 하여금 회사자금으로 취득하도록 하는 경우도[1] 역시 이를 금지하고 있다. 이를 자기주식취득의 금지라고 한다. 우리나라에서 자기주식의 취득을 원칙적으로 금지하는 것은 개별적이고 구체적인 근거를 가지고 있는 것이 아니라 일반적이고 예방적인 견지에서 규제되고 있는 것이라 할 수 있다. 자기주식취득을 규제하는 방식에는 국가에 따라 다소의 차이가 있다.

2. 자기주식취득의 금지 방식

회사의 자기주식취득을 금지하는 방식에는 Positive 규제 방식과 Negative 규제 방식의 두 가지 방식이 있다. Positive 규제 방식은 회사가 자기가 발행한 주식을 원칙적으로 금지하고 예외적으로 일정한 경우에 한하여 취득을 허용하는 방식으로, 이러한 규제 방식은 영국, 독일, 프랑스 및 일본, 그리고 우리나라에서 2011년 이전에 주로 채택된 방식이다. 예를 들면, 영국에서는 자기주식취득이 판례법상 금지되어 있었기 때문에, 종래 회사가 자기주식을 취득하는 것은

---

[1] 대법원의 판례는 회사가 특정인에게 자기주식을 공로주로 교부하기로 약정하고 회사가 제3자인 주주에게 대가를 지급한 후 그 제3자로부터 직접 특정인에게 주식을 양도하기로 한 경우에는 자기주식의 취득에 해당하지 아니하여 유효하다고 하였다(大判 1963년 5월 30일, 63다 106).

일정한 예외를 제외하고 엄격하게 금지되어 왔다. 여기에서 예외가 인정되는 경우는 일반적으로 회사가 자기주식을 취득할 수밖에 없는 특정한 목적이 있는 경우이다.

한편, Negative 규제 방식은 회사가 일정한 조건하에서는 자기주식을 취득하지 못하도록 금지하고, 그 외에는 회사가 자기주식을 자유롭게 취득할 수 있도록 규정하고 있는 방식이다. 이 방식은 미국에서 채택되고 있다. 즉, 미국에서의 자기주식의 취득은 원칙적으로 자유이나 예외로 규정한 사항, 즉 특정조건하에서만 자기주식취득을 금지하고 있다. 우리나라의 경우에서도 2011년 개정 상법에 의하면 일정조건을 충족하면 자기주식취득이 가능하도록 되어 있어 Negative 규제 방식을 채택하고 있다고 할 수 있다. 그러나 이러한 모든 규제 방식은 규제 방법의 차이가 있으나, 그 근저에는 자기주식취득의 금지를 원칙으로 하고 있다고 볼 수 있다.

Ⅱ. 자기주식취득금지의 이유

회사의 자기주식취득(Corporation's Acquisition of its own Share)에 대한 규제는 국가에 따라서 금지하는 이유와 그 방법에 있어 다소 관념적 차이를 가질 수 있다. 최근 개정된 우리나라의 상법에서도 일정한 조건하에서만 자기주식취득이 허용되고 있다. 다시 말해서 회사의 자기주식취득의 금지를 원칙적으로 하고 있으나, 취득방법이나 취득재원에 대한 조건이 충족되거나 특정 목적의 경우에는 자기주식취득을 인정하고 있다. 이처럼 자기주식의 취득을 원칙적으로 금지하고 있는 이유는 법리적인 근거와 정책적인 이유에서 찾아볼 수 있다.

1. 이론(법리)적 근거

자기주식취득을 원칙적으로 금지하는 법리적인 근거는 첫째는 회사가 자기주식을 취득하는 경우 회사가 자신의 구성원인 주주가 되는 것으로 법인과 주주의 인격체의 분리라는 "사단법리"에 어긋나기 때문에 금지하여야 한다는 논거이다. 둘째는 회사가 자기주식을 취득하는 것은 회사의 목적에 수반되는 행위가 아니므로 "능력 외 행위"로 인정되기 때문에 취득행위는 무효라는 주장이다. 셋째는 회사가 자기주식을 취득하는 경우 회사 자신이 채권과 채무가 동일한 주체에 귀속되기 때문에, 이러한 행위로 인해 채권이 소멸하는 결과를 가져온다는 "혼동의 법리"에도 위배되기 때문이다.

여기에서 첫 번째의 사단법리에 대해서는 이론의 여지가 없는 것 같다. 그러나 "능력 외의 행위"와 "혼돈의 행위"에 대한 주장은 이론적으로는 당연한 논리라고 할 수 있지만, 이러한 법리에 대해 비판적인 이론도 적지 않다. 즉, 주식은 개성이 없는 유가물로서 일단 발행되면 이미 발행된 주권은 매매거래의 대상인 한 개의 재산물건으로서 인정되기 때문에 회사가 자기주식을 취득하는 것은 법리상으로는 회사가 조달된 자본으로 투자계획에 따라 다른 회사의 주식을 취득할 수 있는 것과 동일하다는 것이다. 그 때문에 자기주식을 취득할 수 있다는 것이다. 또한, 상법이 예외적으로 특정한 목적을 가진 경우에는 자기주식의 취득을 인정하고 있는 것도 역시 "행위 외의 능력"이나 "혼돈의 법리"에 위배되고 있다고 볼 수 있는데 법에서는 이를 인정하고 있다. 따라서 "행위 외의 능력"이나 "혼돈의 논리" 때문에 자기주식의 취득이 금지되어야 한다는 논거는 사실상 논리의 일치성을 상실하고 있기 때문에 이러한 이유에서 자기주식의 취득을 제한해야 한다는 이론적 근거는 현재에도 설득력을 상실하고 있다는 주장이다. 그러나 여기에서 간과해서는 안 되는 것이 있다. 회사가 자기계산에 의해 자기주식을 취득하는 경우보다는 다른 회사의 주식에 투자하는 경우 분산투자에 의한 투자위험이 감소된다는 점이다. 즉, 자기주식의 가격이 액면가 이하로 하락하는 경우에는 자본감소와 투자손실이 동시 발생하게 되나, 다른 회사 주식에 투자하는 경우에는 투자손실이 발생하게 될 뿐이다. 또한, 자기주식취득에 대한 허용의 정당성을 주장하기 위해서는 법리적 근거에서 "사단법리"의 문제도 해결되어야 할 것이다.

2. 정책적 이유

자기주식의 취득을 자유로이 인정하는 경우 이는 실질적인 자본감소의 결과를 가져오게 되어 회사의 재산적인 기초를 위태롭게 하는 요인이 된다. 그 때문에 자기주식의 취득을 제한하는 취지 내지 논거는 법리적 이유 때문이 아니라 다음과 같은 정책적 이유 때문이라고 보는 것으로, 이것이 일반적인 견해이다.

가. 자본의 충실·유지의 원칙

회사가 자기주식을 자기계산으로 취득하는 것은 자본충실·유지의 원칙에 위배된다고 본다. 이처럼 자기주식취득이 자본충실·유지의 원칙에 위배된다고 보는 이유는 다음과 같다. 첫째, 회사가 회사 자본을 재원으로 하여 자기주식을 유상 취득하는 경우 실질적으로 는 자본감소의 절차를 거치지 않고 자본이 환급되어 자본을 잠식하 는 결과를 가져오게 된다는 것이다. 둘째, 회사가 자기주식을 배당 가능이익 등 자본 이외의 재원으로 취득하는 경우는 회사의 자본충 실을 저해하지는 않으나 회사의 재산상태가 악화되어 실질적으로는 출자의 환급과 같은 효과를 가져와 결국 주주나 또는 채권자의 이익 을 침해하는 결과를 가져온다는 것이다. 셋째, 취득한 자기주식의 가격이 하락하는 경우 손실이 회사에 귀속되어 회사의 자산이 감소 하므로 자기주식의 취득으로 인한 위험이 가중되며, 또한 가격하락 으로 자기주식의 가격이 떨어지면 실질적으로 자본의 충실·유지를 저해할 우려가 있기 때문에 취득을 금지해야 한다는 주장이 있다.

그러나 이러한 주장에 대하여 비판의 소리도 있다. 첫째, 배당가 능이익 등 잉여금 등으로 자기주식을 취득하는 경우에는 자기자본 의 감소현상은 발생하나 납입자본에는 영향을 미치지 않는다는 주 장이다. 즉, 회사가 이익잉여금으로 자기주식을 취득하는 경우에는 자본의 충실·유지의 원칙에 위반되지 않는다고 보는 견해이다. 둘 째, 다른 회사의 주식을 가지고 있는 경우에도 주가하락에 의한 재 산상태의 악화 등 위험은 역시 상존한다는 점이 지적되고 있다.

나. 불공정거래행위의 예방

회사에 의한 자기주식취득이 인정되는 경우 주식의 가격에 영향 을 주는 회사의 내부정보에 밝은 임직원 등 내부자들이 주가하락 시 자기주식의 매점을 통해 가격을 앙등시키는 등 투기거래를 자행하여 투자자들을 기만할 수 있다. 또한, 회사가 주가의 유지를 위해 자기주식의 취득에 의해 시세를 조작하거나 또는 증자나 합병을 유리하게 하기 위해 사전에 자기주식을 매입하여 부당하게 주가를 변동시키는 등 일반투자자를 기만하는 폐해가 발생할 우려가 있다. 이외에도 자기주식을 대차대조표상 계상하면서 불건전한 방법으로 조작하여 위험을 증가시킬 가능성도 있고, 회사의 지배권보호라는 명분하에 회사의 계산으로 자기주식을 대량으로 매수 또는 매도하는 등 막대한 자금력에 의하여 시장을 교란하는 등 불공정거래가 발생할 수 있다. 또한, 공개시장에서 회사의 내부정보를 이용하여 자기주식의 매매거래를 하는 경우에는 증권시장의 공정성을 저해할 우려가 있다. 그 때문에 회사의 불공정거래행위를 사전에 예방하기 위해 자기주식의 취득이 금지되어야 한다는 주장이 있다.

다. 주주평등의 원칙 준수

회사에 의한 자기주식의 취득을 인정하는 경우 증권시장을 통하지 않고 다수 주주로부터 개별적으로 각기 다른 가격으로 자기주식을 취득하게 되면 주주평등의 원칙에 반하는 결과를 가져온다. 또한, 회사가 자기주식을 취득함에 있어서 취득방법이나 취득가격을 적정하게 적용하지 아니하고 특정주주로부터 주식을 취득하게 되는 경우, 이는 당해 주주의 경우는 유리한 투자회수를 할 수 있을지 모르나 상대적으로 다른 주주들은 투자회수 시에 불이익을 받을 수 있다. 그 때문에 이 경우 역시 주주평등의 원칙에 반하는 결과가 된다. 특히 시장상황이 악화되어 주식의 가격이 현저히 하락하거나 회사의 경영이 악화되어 자본의 회수가 어려운 상황에서 회사가 대주주나 임원 등 특정주주의 주식을 우선 유상 취득하는 경우에는 특정의 매각 주주만이 환급을 받은 결과가 되며, 회사가 위험에 처하여 있을 때에는 이러한 회사의 행위는 특정주주의 위험을 다른 주주에게 전가시키는 결과를 가져오게 된다. 따라서 자기주식취득이 제한되어야 한다는 논거이다.

라. 불공정한 회사지배의 예방

회사의 자기주식취득이 인정되는 경우 회사경영자들의 회사지배권 유지의 수단으로 악용될 우려가 있다. 주식회사에서는 1주 1의결권원칙에 의한 다수가결에 의해 의사결정을 하게 되는데 회사가 소유하고 있는 주식에 대하여는 대표이사가 의결권을 행사하게 되므로 자기주식에 의결권이 부여되면 출자 없는 회사지배가 가능하게 된다. 따라서 상법은 회사가 취득한 자기주식에 대하여는 의결권을 박탈하고는 있다. 또한, 의결권이 없다고 해도 회사의 지배권을 유지할 목적으로 이사가 타인의 명의를 이용하여 회사의 계산으로 주식을 취득한 후 취득한 주식에 대한 의결권을 이용할 경우에는, 첫째, 회사의 경영자는 자본참가를 하지 않고서도 의결권대리행사를 통해 주주총회에서 지배권을 행사할 수 있게 된다. 둘째, 회사의 경영자는 경제적 위험을 부담하지 않고도 세력의 확대가 가능해 주주의 이익이 침해될 우려가 있다. 그러나 이러한 주장에 대하여 이사의 성실의무나 의결권 없는 자의 총회 참가는 총회의 결의취소의 소를 제기할 수 있는 사유로 인정되므로 경영자의 불공정한 회사지배를 방지할 수 있다는 주장이 있다. 그러나 실제로는 타인의 소유주식과 회사의 자기주식과의 식별이 사실상 어렵고, 또한 식별이 가능하다고 해도 총회의 결의취소의 소를 제기할 수 있는 기간인 총회결의 후 2주 내에 취소의 소를 제기하기는 사실상 어렵다고 볼 수 있으므로 자기주식취득을 원천적으로 제한해야 한다는 주장이다.

Ⅲ. 자기주식취득금지 위반의 효과

1. 금지 위반에 대한 학설

상법에서는 회사가 자기주식취득금지에 대한 위반행위에 내해 회사에 대한 직접 규제는 하고 있지 않다. 그러나 질취를 위반할 때에는 이사에 대한 책임을 두고 있을 뿐이다. 이처럼 회사의 자기주식취득금지에 대한 위반효과에 대해서 전혀 규정이 없기 때문에 회사가 법을 위반하여 자기주식을 취득한 경우에는 자기주식취득 입법취지 및 거래안정 등과 관련하여 무효설, 상대적 무효설 및 유효설의 견해가 대립되고 있다.

무효설의 입장에서 보면 자기주식취득금지는 자본충실, 주가조작 등의 방지를 통해 회사, 회사채권자 및 주주, 그리고 투자자의 이익보호를 위한 정책적 이유에서 법정된 강행법규일 뿐만 아니라 이 규정을 위반한 경우 다수의 이해관계자의 이익을 해할 우려가 있기 때문에 양도인의 선의나 악의를 불문하고 무효라고 보는 것이 타당하다는 학설이다. 다시 말해서 회사가 자기주식을 취득하는 경우 그 자기주식취득의 원인행위로서 회사와 주주 간의 자기주식취득을 위한 채권적 합의는 무효라고 보는 것으로 무효설이 다수설이다. 그러나 무효설을 인정할 경우 자기주식취득에 따른 폐해는 방지될 수 있으나 거래의 안전을 해하게 되는 문제점이 내재되어 있다.

유효설의 입장에서 보면 자기주식취득금지에 관한 상법 제341조의 규정을 위반한 행위는 동 규정이 명령적 규정에 불과하다고 보아 취득행위는 유효하고 이사의 손해배상책임이 생길 뿐이라는 견해를 가지고 있는 학설이다. 이는 자기주식취득을 위한 합의를 무효로 보게 되는 경우 주식의 유통질서를 해치게 되므로 취득행위의 자체는 유효로 하고 당해 이사에게만 위법행위로서 배상책임을 지우면 충분하다는 주장이다. 따라서 이 학설에 의하면 거래의 안전을 기할 수는 있어도 이사의 책임추궁만으로 자기주식취득제한의 실효를 거두기는 사실상 어렵다는 문제점이 있다.

상대적 무효설 입장에서 보면 자기주식취득의 방법이나 취득재원의 조건을 충족하지 못한 상법 제341조의 자기주식취득에 대한 위반한 행위를 기본적으로는 무효라고 보는 입장이면서 거래의 안전을 강조하여 회사가 타인의 명의로 취득한 경우와 자회사가 모회사의 주식을 취득한 경우에는 양도인이 선의적인 한 유효하다고 보는 예외가 인정되어야 한다는 견해이다. 다시 말해서 이 학설은 무효설과 유효설을 절충한 형태로 볼 수 있다. 그런데 여기에서 양도인의 악의를 입증하는 것은 거의 기대할 수 없기 때문에 타인명의의 자기주식취득은 사실상 유효하게 된다는 문제점이 있다. 또한, 양도인은 어느 경우라도 무효를 주장하지 못하고 회사, 회사채권자, 주주는 양도인에게 악의가 없는 한 무효를 주장하지 못하게 된다. 따라서 원칙적으로 유효하고 일정의 경우만 회사가 무효를 주장할 수 있다는 견해로 유효설의 단점 이외에도 상대방의 지위를 불안하게 할 우려가 있다고 할 것이다.

2. 자기주식의 권리제한

우리나라에서는 회사의 자기주식취득이 원칙적으로 금지되고 있었으나, 최근에는 상법개정으로 취득방법이나 취득재원 등 일정한 조건을 충족하는 경우에는 자기주식취득이 가능하게 되었다. 그러나 이처럼 회사가 취득방법이나 취득재원 등의 조건을 충족하여 자기주식을 유효하게 취득하는 경우에 있어서도 상법은 자기주식에는 의결권을 인정하고 있지 않는 등 의결권 행사를 박탈하고 있으며, 또한 주주총회 결의 시에 자기주식을 발행수식총수에 산입하지 않는 등 자기주식의 의결권 휴지를 명문으로 두고 있다. 이러한 자기주식에 대한 의결권의 부여에 대해서는 일반적으로 우리나라뿐만 아니라 대부분의 선진국에서도 의결권의 휴지원칙을 고수하고 있다. 예를 들면, 미국, 일본, EC 통일지침, 영국, 독일, 프랑스 등 외국의 입법 예를 보면 회사가 취득한 자기주식에 대해서는 의결권을 인정하고 있지 않다. 우리나라에서는 회사가 자기주식을 유효하게 취득하는 경우 공익권과 자익권에 대한 규정이 없다. 그러나 일반적인 해석론에 의하면 전부휴지설과 부분휴지설이 대립되고 있다.

전부휴지설은 회사가 자사의 사원으로서 권리를 행사할 수 없기 때문에 회사가 취득한 자기주식에는 소수주주권과 소제기권 등의 공익권과 이익배당청구권과 잔여재산분배청구권도 없고, 신주인수권이 주어지는 경우에도 이를 양도하거나 인수권 행사로 받은 신주를 양도하여야 하는 등 모든 주주권이 휴지가 된다는 이론이다. 부분휴지설은 자기주식이 유가증권임을 강조하여 자기주식에 대해 이익배당청구권을 가지고 있다고 보는 견해이다. 그 때문에 이익청구

권, 신주인수권, 잔여재산분배청구권 등의 자익권은 휴지가 되지 않는
다는 이론이다. 그러나 일반적으로 전부휴지설이 통설이며, 미국, 독
일에서도 자기주식에 대하여는 의결권 제한, 주주총회의 의사정족수
계산 시 제외, 이익배당청구금지 등 일반적 사원권을 제한하고 있다.

제2절 공개시장에서의 자기주식취득

Ⅰ. 자기주식취득의 개요

1. 자기주식취득 개념

자기주식(own stock)이란 회사가 자기의 명의와 계산으로 자신이 발행한 주식을 취득하여 보유하고 있는 자사의 주식을 의미한다. 여기에서 자기주식의 취득이란 회사가 이미 발행한 자기의 주식을 주주로부터 자기의 계산으로 다시 취득하여 보유하고 있는 주식을 의미하며, 이는 '자사주 매입'이라고도 한다. 이 경우 자기의 계산이라 함은 경제적 효과가 회사에 귀속하는 것을 말한다. 따라서 회사가 자기계산으로 자기주식을 취득하는 한 회사의 명의로 자기주식을 취득하는 경우뿐만 아니라 타인의 명의 또는 가공명의로 취득하는 경우에도 모두 자기주식을 취득한 것으로 볼 수 있다.

그런데 회사가 자기주식을 취득하는 것은 자본이 줄어드는 일종의 자본 공동화 현상으로 자본유지·충실의 원칙에 반할 수 있기 때문에 우리나라를 비롯하여 자본주의 경제체제의 국가에서는 대부분 금지의 원칙을 유지하고 있었다.

그러나 우리나라에서는 1992년 장기적인 증권시장의 침체가 계속되면서 증권시장의 안정화를 위한 제도 마련이 필요하였다. 또한, 경제개방정책의 일환으로 1992년 5월부터 외국인의 적대적인 인수·합병이 허용되었다. 이러한 환경변화는 증권시장의 안정화를 꾀하고, 또한 적대적 M&A에 대비하기 위한 수단으로 자기주식취득 허용에 대한 필요성이 제기되어 동년 8월 상장기업에 한하여 자기주식펀드에 가입하는 것을 허용하면서 펀드를 통한 간접취득방법이 허용되었다. 펀드 방식은 상장회사들의 자기주식취득기금을 투자신탁회사가 공동으로 운용하도록 설계되어 있었기 때문에 사실상 개별상장회사의 경영권보호나 주가안정관리에는 크게 영향을 주지 못하였다. 또한, 기금의 운용실적도 사실상 미약한 수준이었다. 그래서 정부는 1994년 5월 증권거래법의 개정을 통해 공개시장에서 자기주식에 대한 직접취득방식을 허용하였다. 아울러 1999년에는 상장회사들이 은행의 특정금전신탁을 통하여 자기주식을 취득하도록 허함으로써 은행의 특정금전신탁을 통한 간접취득방식[2]이 자기주식취득방법으로 정착되기 시작하였다. 그리고 신탁계약 등을 통한 자기주식취득방식이 가장 일반적인 간접취득방식으로 활용되고 있다.

한편, 정부가 공개시장에서 자기주식에 대한 직접취득방법과 간

---

[2] 간접적인 자기주식취득이라고 할 수 있는 "신탁계약상 자기주식에 대해서는 당해 법인이 취득하여 소유하고 있는 자기주식으로 볼 수 없기 때문에 소각대상이 될 수 없다고 해석하고 있다. 즉, 신탁계약을 체결한 상장 및 협회등록법인은 수익자로서 수익증권의 소유권만을 취득하여 운용수익을 분배받는 지위에 있을 뿐이며, 편입자산에 대한 자기주식의 소유권을 갖고 있지 않은 상태이므로 신탁계약에 의한 자기주식은 법적인 의미에서 자기주식으로 볼 수 없다고 해석하고 있다(금융감독원 2001년 8월 1일 보도자료 참조).

접취득방법이 모두 허용되면서 자기주식취득과 처분은 상장기업에서는 하나의 중요한 전략으로 이용되기 시작하였다. 더 나아가 회사들이 보다 강력한 주가관리 수단으로 자기주식취득 확대를 요구하게 됨에 따라, 정부는 증권거래법을 개정하여 2001년 4월부터 상장회사들의 배당가능이익의 범위에서 자기주식을 취득하여 소각할 수 있도록 이익소각 제도를 도입하였다. 이에 따라서 상장회사는 이익배당가능이익 범위 내에서 자기주식을 매입·소각하여 시중에서 유통주식수를 줄임으로써 주가상승유도가 가능하게 되었다. 즉, 공개시장에 공급량을 줄임으로써 주가상승을 꾀할 수 있게 되었다.

한편, 2007년 8월 3일 제정된 "자본시장과 금융투자업에 관한 법률(자본시장통합법)"에서는 거래법의 내용이 수용되었으나, 2009년 2월 3일 개정 자본시장통합법에서는 자기주식취득의 확대를 위해 상장기업은 다른 법률에 따르는 경우 외에는 해당 법인의 명의와 계산으로 자기주식을 취득할 수 있도록 신규로 규정함으로써 상장기업에 대해서는 자기주식취득을 원칙적으로 허용하면서, 취득방법과 취득재원을 규제하는 방식으로 전환하였다. 이어서 정부는 2011년 4월 상법을 전면 개정하여 자기주식취득에 대한 관계규정을 개정하여 완화하면서 자기주식취득 범위를 상장법인은 물론 일반회사에까지 더욱 확대하였다. 즉, 회사가 자기주식취득에 있어 취득방법과 취득재원을 충족하는 경우와 특수목적에 따른 자사주취득을 허용함으로써 자기주식취득을 상장기업 이외에 일반 회사에까지 확대 적용하였다.[3]

---

3) 주식회사의 자기주식 취득과 처분에 대해서는 상법 제341조와 제342조에서 일반적인 규정을 두고 있다. 그러나 주권상장법인과 코스닥 등록법인의 자기주식의 취득과 처분에 대해서는 증권거래법(제189조의2)에서 규정되어 왔었으며, 2009년 증권관계법을 통합하여 제정된 「자본시장과 금융투자업에 관한 법률」(이하 자통법이라 한다) 제165조의2에서는 자기주식의 취득 및

이에 따라 자기회사 주식가격이 지나치게 낮게 평가됐을 때, 그리고 적대적 M&A에 대비해 경영권을 위협받을 때 경영권을 보호하고 주가를 안정시키기 위해 기업이 자기자금으로 자기회사의 주식을 매입할 수 있게 되었다. 또한, 자기주식취득에 대한 특례가 인정되는 상장회사는 일반 회사에 비해 자기주식의 취득범위가 넓고, 주가안정, 경영권보호, 주주가치 제고, 타 회사의 자기주식 맞교환 등 지분교류 (우호세력 확보), 홍보 등 다양한 목적으로 자기주식을 취득할 수 있게 되었다.

2. 자기주식취득 허용배경

회사의 자기주식취득 문제는 회사가 자기주식을 취득함에 따른 폐해문제를 방지하기 위해 개정 전 상법 제341조에서는 원칙적으로 자기주식취득을 금지하고 있었다. 그 이유는 회사가 자기주식을 취득하는 경우 회사의 출자자금 환급문제, 자본유지 및 충실문제, 기업위험에 대한 문제, 회사의 투기조장의 문제, 경영자의 회사지배문제, 주주의 평등문제 등으로 나타날 수 있는 폐해를 방지하기 위해서였다. 그러나 회사의 정상적인 경영활동 과정에서 불가피하게 발생하는 자기주식의 취득에 대해서는 일시적으로 취득하여 보유하는 것을 인정하였지만, 장기적인 보유의 목적으로 취득하는 것은 허용하지 않았다.

그러나 자본자유화가 진전됨에 따라 자기주식취득규제를 완화해야 한다는 주장이 제기되었다. 이러한 배경에는 첫째, 외국인에게

처분에 대한 특례규정을 두고 있다.

국내증권투자를 허용함에 따라 국내기업의 경영권안정을 위한 대처, 둘째, 해외에서의 기업매수, 즉 해외에서 국내기업들의 M&A의 실행에 따른 기업금융의 편의성 제공, 셋째, 종업원지주제도의 효율적 운용과 임직원의 공로주 지급 확대의 필요성이 제기되고 있었기 때문이었다. 그래서 정부는 자기주식취득제도의 도입과정에서 "상장주식의 대량소유의 제한" 규정을 철폐함과 동시에 이에 따른 적대적 기업매수 시도에 당해 기업이 대처할 수 있는 방안을 마련해주기 위해 자기주식취득을 허용할 방침이었다. 그러나 상장주식의 대량소유 제한 철폐는 오히려 국내기업의 경영권안정을 위협할 수 있기 때문에 철폐를 반대한다는 상장회사들의 주장으로 인하여 철폐가 연기되면서, 사실상 경영권 안정목적으로의 취지는 그 의미를 상실하게 되었다. 또한, 정부는 한편으로는 주식매매거래의 자율성을 높이고, 증권제도를 선진화함으로써 증권시장의 효율성을 높이고, 다른 한편으로는 상장회사의 기업매수에 대처하고, 임직원에게 우리사주 또는 공로주로 지급할 수 있는 방안으로 상장기업의 자기주식취득을 허용하였다. 또한, 자본시장의 효율성을 높여 자기주식에 대한 기업의 재무전략적 이용을 확대할 수 있도록 자기주식취득 범위를 확대하여 운용해나가고 있다.

이처럼 상장회사에 대하여 자기주식취득을 원칙적으로 허용하고 공정한 거래를 위해 취득한도와 취득방법 등 최소한의 규제를 하고 있다. 그러나 자기주식취득제도는 자기주식의 취득·처분에 관한 정보가 시세조종과 미공개정보이용 등 불공정거래에 이용될 수 있으며, 또한 시세조종 등 불공정거래방지를 위한 제도적 장치가 마련되어 있다고 해도 주가안정을 이유로 과도하게 자기주식의 취득·처

분을 반복하는 경우에는 주가에 큰 영향을 미치는 등 증권시장에 부
정적인 요소로 작용할 수 있음은 부정할 수 없다.

Ⅱ. 자기주식취득의 허용범위

자기주식취득은 소유권의 이전을 목적으로 하는 법률행위로서 회
사가 자기주식을 취득하는 것은 자본이 줄어드는 일종의 자본 공동
화 현상으로 자본유지·충실의 원칙에 반하는 만큼 상법에서는 그
부작용을 방지하기 위하여 원칙적으로 자기주식의 취득을 금지하여
왔으나, 2011년 개정상법에서는 일정한 방법에 의한 자기주식취득
과 특정한 목적의 자기주식취득을 허용함으로써 상장회사에 이어
일반회사에게까지 확대하여 자기주식취득을 허용하였다. 또한, 상법
이외에도 자본시장통합법이나 회사정리절차법에서도 특정의 경우
자기주식취득을 허용하고 있으며, 기타 해석상으로도 취득이 가능한
예외가 있을 수 있다.

〈표 2-1〉 자기주식취득 허용범위

취득허용 범위	근거 법
· 회사의 합병 또는 타사의 영업전부 양수 · 회사의 권리실행목적 달성 · 단주처리를 위해 필요 시 · 주주의 주식매수청구권 행사 시	상법(§341의 2)
· 자기주식질취(발행주식총수의 5% 이내로 수량을 제한)	상법(§341의 3)
· 원칙적으로 제한 없음(취득방법, 취득기간, 취득재원 규제) · 주식소각을 위한 취득(취득방법, 취득기간, 취득재원 규제) · 주주의 주식매수청구권 행사	자본시장통합법(§165의2) 자본시장통합법(§165의3) 자본시장통합법(§165의5)

1. 상법상의 자기주식취득

가. 조건부 자기주식취득

2011년 4월 개정된 상법에서는 상장회사는 물론 일반회사도 자기주식을 원활하게 취득할 수 있도록 허용하였다. 그러나 이전에 자기주식취득금지 원칙의 배경이 되고 있었던 제반문제, 예를 들면 자본의 유지·충실의 원칙, 기업위험, 회사의 투기조장, 경영자의 회사지배, 주주의 평등 등 자기주식취득에 따른 폐해문제를 축소 내지 해소하기 위해 취득방법과 취득재원, 그리고 공개원칙 등의 조건을 규정하고 이러한 조건이 충족되는 경우 회사가 자기주식을 취득하도록 허용하였다.

자기주식을 취득하는 방법으로는 거래소에서 시세(時勢)가 있는 주식의 경우에는 거래소에서 취득하는 방법이다. 이는 상장회사와 코스닥 등록기업 등이 자기주식을 취득하고자 하는 경우에는 거래소가 개설한 증권시장에서 경쟁을 통해 자기주식을 취득하도록 하는 방법이다. 다음으로 비상장회사가 자기주식을 취득하고자 할 때에는 주식의 상환에 관한 종류주식의 경우를 제외하고, 주주가 가진 주식수에 따라 균등한 조건으로 자기주식을 취득하도록 하고 있다. 이때 회사가 주주가 가진 주식수에 따라 균등한 조건으로 자기주식을 취득하는 방법으로는 ① 회사가 모든 주주에게 자기주식취득의 통지 또는 공고를 하여 주식을 취득하는 방법이나 ② 공개매수에 의해 취득하는 방법으로만 자기의 명의와 계산으로 자기주식을 취득할 수 있도록 하는 등 주주 평등의 원칙을 고수하고 있다.

회사가 자기주식을 취득하고자 하는 경우에는 이익배당가능이익을 초과하여 취득할 수 없다. 이는 회사가 자기주식취득으로 인한 자본의 공동화 현상을 막기 위한 방법으로 자본의 유지·충실의 원칙을 유지하기 위한 방법이라고 할 수 있다.

이처럼 상법은 자기주식의 취득을 허용하면서 취득방법과 취득재원을 충족하는 조건을 요구하고 있다.

나. 특정목적의 자기주식취득

상법에서는 자기주식의 취득이 그 금지의 입법취지에 위배되지 않거나 자기주식취득이 불가피한 경우 자기주식취득이 한정적으로 허용되고 있다. 이는 회사의 특수목적에 따른 자기주식취득으로 이 경우에는 취득방법이나 취득재원의 규제를 받지 않는다. 그러나 특수목적에 의해 취득한 자기주식에 대한 처분에 관하여는 이사회가 결정하도록 하고 있다. 회사가 특수목적에 따라 자기주식을 취득할 수 있는 경우는 다음과 같다.

첫째는 회사의 합병 또는 영업 전부를 양수하는 경우에 소멸회사가 존속회사의 주식을 소유하고 있는 때에는 소멸회사를 흡수하는 존속회사는 그 자기주식을 취득할 수 있고, 영업 전부를 양수하는 회사는 양도회사가 소유하는 자기주식을 취득할 수 있다. 이처럼 자기주식취득을 예외로 인정하는 것은 합병과 같은 포괄승계나 영업 전부를 양수하는 때에 자기주식만을 예외시킨다는 것은 번잡하고, 또한 회사의 의도적인 취득이 아니므로 폐해발생 우려가 적기 때문이다. 둘째는 회사의 권리를 실행함에 있어 그 목적을 달성하기 위하여 필요한 때에는 자기주식의 취득을 인정한다. 그 이유는 회사가 채권을 실행하려 하나 채무자에게 자기회사가 발행한 주식 이외에는 다른 마땅한 재산이 없어서 권리실행을 위한 강제집행이나 소송상의 화해로 회사가 그의 주식을 경락하거나 대물변제로 부득이 받는 경우이기 때문이다. 셋째는 단주처리를 위하여 필요한 때이다. 단주란 1주 미만의 주식을 말한다. 그런데 주주가 회사로부터 원시취득한 주식에 단수가 있는 경우에는 회사가 주주들의 단주를 회사 자금으로 인수하고 단주를 환가한 대금을 주주에게 지급할 수 있도록 하여 단주처리를 용이하게 하기 위한 것이다. 넷째는 주주의 매수청구권이란 회사가 합병, 영업양수도, 회사분할, 간이주식교환 등 등의 이사회 결의에 반대하는 주주가 자기가 소유하고 있는 주식을 매수하여 줄 것을 해당 법인에 대하여 청구할 수 있는 권리를 말한다. 이는 회사가 추진하고자 하는 특정 결의사항에 대해 반대하는 주주의 소유주식을 회사가 매수해줌으로써 이사회의 결의에 의한 사업을 원활히 추진할 수 있도록 하기 위한 것이다.

다. 자기주식 질취의 제한

질취란 주식이 질권의 목적으로 되는 것뿐만 아니라 담보로 널리 잡는 것, 즉 양도담보의 목적으로 하는 것을 포함한다. 그런데 회사는 발행주식총수의 20분의 1을 초과하여 자기의 주식을 질권의 목적으로 받지 못한다. 이처럼 우리 상법은 자기주식을 질취하는 것을 전면적으로 금지하고 있는 것이 아니라 발행주식총수의 5% 이내라는 수량적 제한하에 허용되며, 그것을 초과하여 질취하는 것이 금지되는 것이다. 이처럼 질취에 대한 수량적 제한하에 허용하는 것은 채무불이행에 의하여 주식이 최종적으로 회사에 취득되어도 청산을 수반하는 양도담보에 있어서는 주식 취득의 경제적 효과가 회사에 귀속하지 않으므로 이 경우는 5% 이내에서 질취를 허용하고 있는 것으로 볼 수 있다.

2. 자본시장통합법에서의 자기주식취득

가. 자기주식취득의 특례

상장회사에 대하여 소액주주의 보호와 우리사주조합의 원활한 운용, 그리고 상장기업의 경영권보호 차원에서 공개시장에서 자기주식을 취득할 수 있도록 허용하고 있다. 상장회사가 자기의 명의와 계산으로 자기주식을 취득하고자 하는 경우에는 ① 증권시장에서 취득을 하거나, ② 공개매수의 방법으로 취득하거나, ③ 신탁계약에 따라 자기주식을 취득한 신탁업자로부터 신탁계약이 해지되거나 종료된 때 반환받는 간접취득의 방법에 의하여야 한다. 그리고 자기주식을 취득할 수 있는 금액은 역시 상법에서 규정하고 있는 바와 같이 동법에서도 이익배당을 할 수 있는 한도의 금액 이내로 하고 있다. 즉, 자기주식은 배당가능이익의 범위 내에서 가능하다. 이때 상장회사가 금전의 신탁계약에 따라 신탁업자에게 자기주식을 취득하게 하는 경우에는 그 신탁계약의 계약금액을 이익배당가능이익에 의한 취득금액으로 보며, 만약 이익배당을 할 수 있는 한도 등의 감소로 이익배당가능이익을 초과하여 자기주식을 취득하게 되는 경우에는 초과취득일로부터 3년 이내에 그 초과분을 처분하도록 하고 있다

나. 이익소각의 특례

상장회사는 주주에게 배당할 이익으로 주식을 소각할 때에는 주주총회의 결의를 거쳐야 하나, 주주총회의 결의로써 정관에 정하는

경우에는 이사회 결의로 자기주식을 매입하여 소각할 수 있다. 이때 소각을 위하여 취득할 자기주식의 금액은 해당 사업연도 말 이익배당을 할 수 있는 한도에서 재평가적립금과 법정적립금으로 위원회가 고시한 금액, 즉 배당가능이익에서 법정적립금을 제한 나머지 금액의 범위에서 자기주식을 취득할 수 있다. 그리고 상장회사가 취득한 자기주식을 소각한 경우에는 그 소각을 결의 이후 최초의 정기주주총회에서 자기주식의 소각사실을 보고하여야 한다. 상장회사가 배당가능이익의 한도를 초과하여 주식을 취득하고, 이를 소각한 경우에는 그 소각에 관한 이사회 결의에 찬성한 이사는 해낭 법인에 대하여 그 한도를 초과하여 취득한 초과취득가액에 대하여 연대하여 배상책임을 져야 한다. 그렇지만 이사가 상당한 주의를 하였음에도 불구하고 그 취득한도를 초과하여 취득할 수밖에 없었다는 것을 증명하는 경우에는 당해 이사는 배상책임을 지지 않는다.

다. 매수청구권의 특례

주주총회에서 주주의 이해관계에 중대한 영향을 미치는 사항에 대하여 다수결에 의하여 결의가 성립된 때에는 이 결의에 반대하는 주주는 회사에 대하여 공정한 가격으로 자기가 가지고 있는 주식을 매수해줄 것을 청구할 수 있다. 예를 들면, 상장회사가 합병, 영업양도, 주식교환계약서의 작성, 주식이전, 회사분할계획서·분할합병계약 등의 주주총회의 승인결의에 관한 이사회 결의에 반대하는 주주를 보호하기 위해 반대주주에게 자기가 소유하고 있는 주식을 매수하여 줄 것을 해당 회사에 대해 청구할 수 있는 주식매수청구권을 부여하고 있다. 이때 반대주주로부터 매수청구를 받은 해당 회사는

매수청구기간이 종료하는 날부터 1개월 이내에 당해 주식을 매수하
여야 하고, 상장회사는 매수청구권에 의해 매수한 주식을 매수한 날
로부터 3년 이내에 처분하여야 한다.

3. 기타 취득의 허용

　회사정리법에 의하면 회사정리절차 중에 정리채권자, 정리담보권
자 또는 주주가 정리계획에 의하여 정리회사 또는 신회사의 주식배
정을 받고 주주가 된 후 3년 이내에 주권의 교부를 청구하지 아니하
여 주주가 그 권리를 상실한 때는 회사 또는 신회사는 그 주식을 취
득할 수가 있다. 그러나 이 경우에도 회사 또는 신회사는 상당한 시
기에 그 주식을 처분하여야 한다. 또한, 기타 상법이나 특별법에 의
하여 자기주식의 취득을 구체적으로 인정하는 규정은 두고 있지 않
으나 해석상 자기주식의 취득이 인정된다고 볼 수 있는 경우로서 ① 무
상취득 및 위탁회사가 회사의 명의로 타인의 계산에서 자기주식을
취득하는 경우, ② 위탁매매인인 회사가 주선행위로서 자기주식을
취득하는 경우, ③ 신탁에 의한 취득인 경우 등을 들 수 있다. 따라
서 자기주식을 취득하여도 회사에 어떠한 폐단이 없는 경우에는 상
법에서 열거한 예외적인 규정을 확대하여 해석할 수 있을 것으로 본다

Ⅲ. 자기주식취득의 방법[4]

자기주식의 취득방법으로는 국가마다 약간의 차이는 있다. 미국에서의 자기주식취득방법으로는 ① 증권회사를 통하여 공개시장에서 소량으로 사들이는 방법, ② 대량의 자기주식취득의 경우에 이용되는 공개매수제도(tender offer), ③ 대주주와의 직접교섭에 의한 취득방법이 있다. 그런데 공개매수제도에 의한 방법의 경우가 보통 이용되고 있다. 영국에서의 자기주식을 취득하는 방법으로는 ① 거래소시장에서 구입(market purchase), ② 서래소시장 외에서의 구입(off-market purchase) 및 ③ 정지조건부구입계약(contingent purchase contract)의 3개의 방법이 있다. 또한, 이들 국가 외에 자기주식취득 및 처분의 방법으로는 화란식 공개매수 방법이 있다. 화란식 공개매수는 화란식 경매(Dutch Auction)로서 사적 협의에 의해 매입하는 방법으로, 경매물건의 매도자가 전량을 팔 수 있는 수준까지 매도호가를 점차 낮추는 경매 방법으로 모든 경매는 일정한 가격에서 이루어진다.

우리나라에서의 자기주식의 취득방법으로는 ① 증권시장에서 취득하는 방법, ② 공개매수에 의한 방법, ③ 신탁계약 방법, 그리고 ④ 주주로부터 균등매입 방법이 있다. 그러나 주주로부터 균등매입 방법은 일반회사가 자기주식을 취득하는 경우 이용할 수 있는 방법이다. 따라서 여기에서는 상장회사에 일반적으로 적용되는 방법인 공개시장에서 취득방법, 신탁계약에 의한 취득방법, 그리고 자사주 펀드에 의한 취득방법에 대해서 살펴보기로 한다.

---

[4] 소재환, 2013.

1. 공개시장에서의 자기주식취득방법

증권시장이 자유화되면서 적대적 인수·합병이 가능하게 됨에 따라 이에 대한 방어수단을 제공하고, 또한 주가 안정화 수단 등의 목적으로 1994년 5월 증권거래법이 개정되면서 상장기업의 자기주식에 대한 직접취득방식이 허용되었다.

공개시장에서의 자기주식취득방법은 유가증권시장에서의 매입과 공개매수 방법이 있다. 유가증권시장에서의 자기주식취득방법은 증권회사를 통해 거래소의 유통시장에서 일정기간 동안 시장가격으로 조금씩 매입하는 방식이다. 반면에 공개매수는 기업이 매수할 주식의 수와 가격, 매수기간을 명시하여 공시한 후 유가증권시장 밖에서 주식소유자에게 공개적으로 매도를 의뢰하는 방법이다. 유가증권시장에서 취득하는 방법과 공개매수 방법은 자기주식의 취득 주체를 기준으로 하여 '회사 이름으로 직접 매입'하는 직접 취득 및 처분 방식이다. 먼저 회사 이름으로 직접 매입하는 경우에는 회사는 이사회의 결의를 거쳐 증권거래소에 신고서를 제출한 뒤 3일이 경과한 날로부터 3개월 이내에 매입을 마쳐야 한다. 이때 3개월 이내에 목표수량을 사들여야 하며 매수주문 수량 및 횟수, 가격 등이 정해져 있다.

2. 신탁계약에 의한 자기주식취득방법

신탁계약에 의한 자기주식취득방법은 금융기관과 자기주식 신탁계약을 통하여 간접적으로 취득하는 방식이다. 은행의 특정금전신탁

을 통한 간접취득방식이 1999년에 새롭게 허용되면서 이제는 신탁
계약 등을 통한 자기주식취득방식이 가장 일반적인 간접취득방식으
로 활용되고 있다.[5] 공개시장에서의 자기주식의 직접취득과 신탁계
약 등을 통한 간접취득은 제도적으로 몇 가지 차이점이 있다.

첫째는 취득 주체가 다르다. 직접취득의 경우에는 상장회사가 직
접 자기회사의 주식을 공개시장을 통하여 취득하는 반면, 간접취득
의 경우에는 기업이 은행 등과 신탁계약을 체결하고 금융기관에서
해당 기업의 주식을 취득한다. 둘째는 취득기간의 차이이다. 직접취
득의 경우 취득공시일 이후부터 3개월 이내에 취득을 완료하고 지
분공시일 이후부터 3개월 이내에 처분하도록 되어 있으나, 신탁계약
의 경우에는 신탁계약 기간 내에는 취득이 가능하고, 처분에 대하여
는 기간을 정하고 있지 않다. 따라서 신탁계약 금융기관에서 취득
및 처분을 계약기간 내에서 자유롭게 행할 수 있다. 즉, 특정금전신
탁의 경우, 신탁설정기간 동안 자기주식을 매수와 매도 양 방향으로
거래가 가능하며, 특정금전신탁은 금전을 신탁하고 자기주식을 돌려
받는 것이 아니라 돈을 돌려받기 때문에 시세차익을 얻기 위해 신탁
기간 자기주식을 매수한 후 얼마든지 다시 매도할 가능성을 갖고 있
다.[6] 마지막으로 직접취득과 신탁계약 등을 통한 간접취득은 기업들
이 공시하는 취득목적에서도 차이가 있다. 직접취득을 통하여 자기

---

[5] 2003년 12월 증권거래법 개정 이전에는 특정금전신탁의 경우 취득수량 및 주문가격에 제한이
없었으나 자기주식의 직접취득과 간접취득의 경우 1일 취득수량 및 주문가격에 서로 다른 제한
을 두고 있었다. 그러나 동법의 개정 이후에는 두 제도의 매수 방법에 동일한 제한을 두고 있다.

[6] 예를 들어, 영남제분은 2001년 말에서 2002년까지 주당 1,600원 선에서 자사주 195만 주
(9.87%)를 매입한 뒤 신탁계약을 해지하지 않고, 2002년 11월 25일에 5,000원 선에 전량 장외
처분하여 63억 원에 달하는 시세차익을 얻었다. 신탁계약의 경우 장외처분 시 공시의무가 없었
으나, 2006년 9월 18일부터는 신탁의 경우에도 장외처분 시 신고의무를 규정하고 있다.

주식을 취득하는 기업들은 대부분 취득목적을 주가안정, 경영권 방어, 임직원 인센티브, 스톡옵션(stock option)의 부여 목적, 이익소각 등 다양한 목적으로 공시하고 있지만, 신탁계약을 통한 간접취득은 제도의 특성상 취득한 주식을 현물로 받지 않기 때문에 취득목적을 주가안정으로 공시하는 것이 대부분이다.

3. 자사주 펀드에 의한 취득방법

자사주 펀드는 상장회사가 자기주식의 매입을 희망하는 경우, 증권투자신탁회사의 주식형 수익증권을 매입하고, 동 자금으로 당해 회사 주식을 매입토록 조성된 펀드로서, 동일종목의 투자한도는 신탁재산의 20%였다. 이는 1992년 8·24 증시안정화대책의 일환으로 주식시장의 수요확대를 통한 증시안정의 도모 차원에서 도입되었다. 그러나 현재는 이 방법에 의한 자기주식취득방법은 허용되지 않는다.

자사주 펀드는 간접적인 자기주식 매입 형태로 볼 수 있으나, 그 절차 및 실효 면에서 다소 차이가 있다. 다시 말해서 자사주 펀드로 매입한 주식은 투신사의 신탁자산으로 귀속되어 의결권 행사가 의결비율대로 제한되기 때문에 경영권보호에 한계가 있다. 반면, 자기주식으로 취득한 주식은 의결권이 인정되지 아니하므로 직접적인 경영권보호는 실효성이 없다. 그러나 자사주 펀드 및 자기주식 매입 모두 유동주식수의 감소를 통해 경영자의 지분비율은 상대적으로 상승하는 효과를 나타낸다. 자사주 펀드의 도입 당시의 경영권보호 측면 이외의 사항을 비교해보면 다음과 같다.

〈표 2-2〉 자기주식 직접취득과 자사주 펀드의 비교

구분	자기주식 직접취득	자사주 펀드 가입
참가기업 및 운용	-자기주식취득은 취득재원의 제한으로 기업 내용이 양호한 기업만 가능 -상장기업이 운용함.	-자사주 펀드는 잉여자금을 보유한 어느 기업이나 참여할 수 있음. -투신사에서 운용함.
재원	-이익배당한도에서 배당분, 증관위가 정한 적립금을 차감한 범위 내	-잉여자금
수익측면	-자기주식취득은 배당청구권이 배제되므로 기업성장에 따른 자본이득만 가능	-펀드수익 배분형태로 창출
투자한도	-총 발행주식수의 10%	-총 발행주식수의 60%(투신사 합계) 단, 각 펀드자산 총액의 20%
회계처리	-자본조정항목에서 차감	-수익증권은 투자유가증권으로 분류 -회계연도 말에 투자자산의 평가규칭에 띠리 펑기

자료: 거래소 내부자료.

이러한 제도적 차이점들은 자기주식을 취득하고자 하는 기업의 취득방법에 관한 의사결정, 즉 직접취득방식을 이용할 것인가, 혹은 간접취득방식을 이용할 것인가에 대한 기업의 의사결정에 중요한 영향을 미칠 것이다. 또한, 자기주식을 취득하고자 하는 기업의 여건 및 재무적 특성 등에 따라 취득방식의 선택이 결정될 것이다.

제3절 주요국에서의 자기주식취득규제

Ⅰ. 미국의 자기주식취득규제

미국에서는 자기주식의 취득에 대하여 각 주(州)의 판례법(common law)으로 규제하여 왔기 때문에 1820년대부터 100년간 자기주식취득의 적법성에 관한 판례가 일치하지 않았다. 그러나 1929년 세계대공황 이래로 채권자보호 견지에서 회사가 자기주식을 취득하는 것은 원칙적으로 금지되어 왔지만, 그 후 자기주식취득에 대한 금지규제를 완화하고, 또한 각 주(州) 회사법7)에 자기주식취득을 성문규정으로 두는 주(州)가 증가하게 되었다. 따라서 미국에서는 자기주식취득이 원칙적으로 허용되고 있지만, 허용에 따른 폐해를 방지하기 위해 각 주(州)의 회사법, 그리고 SEC규정 및 '34년 증권거래법 등에서는 취득재원, 공시, 거래 방법 등을 규제하고 있다.

---

7) 이 중 델라웨어 주 회사법이 회사설립의 준거법으로 가장 널리 활용되고 있으며, 뉴욕 주 회사법, 캘리포니아 주 회사법 등도 많이 활용되고 있다.

1. 주식회사법에 의한 규제[8]

미국에서의 자기주식의 취득은 원칙적으로 자유이나, 주식회사법에서는 자기주식취득에 대한 규제 방법으로 주로 취득 시에 그 취득재원과 보유를 규제하는 형태로 행해지고 있는데, 취득재원과 보유에 대한 규제의 형태로는 ① 잉여금한도액 규제, ② 유보이익한도액 규제, ③ 대차대조표test 규제의 3가지로 대별할 수 있다. 이러한 일련의 규정은 자본충실의 원칙을 유지하며, 주주를 보호하기 위한 방법이다.

가. 잉여금 한도액의 규제

잉여금한도액 규제 방법은 회사가 자기주식을 취득하는 데 필요한 재원을 이익잉여금과 자본잉여금을 포함한 잉여금에 한정하고 있는 것이다. 이러한 잉여금한도액을 규제하고 있는 주(州)의 경우에도 주(州)마다 취득재원별 규제 방법이 다르다.

자기주식을 취득할 수 있는 취득재원에 있어서는 델라웨어 주 회사법 및 뉴욕 주 회사법을 포함한 19개의 주(州)에서는 이익잉여금 및 자본잉여금을 취득재원으로 인정하고 있다. 텍사스 주(州) 등 12개의 주(州)에서는 원칙적으로 이익잉여금을 취득재원으로 인정하고 있으나, 예외적으로 정관의 규정 또는 주주총회의 승인이 있는 경우에는 자본잉여금도 자기주식의 취득재원으로 인정되고 있다. 반면에 일리노이 등 6개의 주(州)에서는 이익잉여금만을 취득재원으로 인정하고 있다. 한편, 이들 주(州)의 회사법에서는 우선주 취득 및 단주

---

8) 한국거래소 내부자료, "미국의 자기주식취득의 규제."

의 환매·소각 등 일정한 사유에 의한 취득에 대하여는 자본금으로 취득이 가능하도록 규정하여 예외를 인정하고 있는 반면, 대부분의 주(州)에서는 회사가 지급불능인 경우나 또는 자기주식취득에 의해 지급불능으로 되는 경우에는 자기주식의 취득을 일체 인정하지 않고 있다.

한편, 회사는 취득한 자기주식을 소각하거나 금고주식으로 그대로 보유할 수 있으나, 자기주식취득재원이 자본금인 경우에는 취득한 주식을 소각하여야 하며, 소각된 주식은 정관에 의해 재발행이 금지되고 있지 않는 경우에는 미발행 주식으로 인정되어 수권주식 수가 증가하며, 이 경우 자기주식에 대한 회계처리에 있어서는 당해 자기주식취득에 소요된 금액을 잉여금에서 공제한다. 또한, 소각으로 자본금이 감액되는 경우에는 이를 주주에게 공시하여야 한다.

나. 유보이익한도액 규제

유보이익한도액 규제 방법은 회사가 자기주식을 취득하는 데 필요한 재원을 유보이익에 한정하고 있는 것이다. 유보이익한도액의 규제는 자기주식취득을 배당과 같이 분배(Distribution)라고 하는 포괄적인 개념으로 보아 원칙적으로 이익배당한도인 유보이익의 범위 내에서 지급불능test를 충족하면 자기주식의 취득이 가능하도록 한 것이다. 이는 캘리포니아 주 회사법에서 채택되고 있는 규제 방법으로서, 델라웨어 주 회사법 등에서 규정하고 있는 대차대조표상의 잉여금에 의한 규제를 손익계산서상의 당기이익에서 사외분배금을 제외한 유보이익의 누계에 의한 규제로 변경한 것이다.

대부분의 주(州)에서는 회사가 이익배당한도인 유보이익이 지급불능test 결과 지급불능인 경우나 또는 자기주식취득에 의해 지급불능으로 되는 경우에는 자기주식의 취득을 일체 인정하지 않고 있다. 따라서 회사는 지급불능 상태의 여부에 대해서 계약시점에서, 그리고 취득가액의 총액에 대하여는 각 지급시점에서 분할지급액에 대하여 검토하게 된다. 그리고 검토결과 만약 유보이익이 존재하지 않는 경우에는 자기주식을 취득할 수 없다. 그러나 유보이익이 존재하지 않는 경우에도 자산 비율·유동비율기준을 충족하면 자기주식취득이 가능하도록 예외를 인정하고는 있다. 예를 들면, 이익배분 후의 회사의 자산총액이 부채총액의 1.25배 이상이고, 회사의 유동자산이 유동부채 이상인 경우 회사는 자기주식을 취득할 수 있다.

한편, 유보이익한도액 규제에서는 자기주식취득을 분배라는 포괄개념으로 보고 있기 때문에 금고주식(treasury shares)의 개념이 인정되지 않으므로 회사가 취득한 자기주식을 전부 소각하여야 한다. 그 때문에 회사가 취득한 자기주식 수량만큼 수권주식 수량은 증가하게 된다. 그러나 회사가 정관으로 재발행을 금지하는 경우에는 회사가 취득한 자기주식 수량만큼 수권주식 수량은 감소하게 된다.

다. 대차대조표test 규제

대차대조표test 규제 방식은 이익배당 후의 회사의 총자산이 부채총액과 해산할 때에 우선 주주에게 지급해야 할 금액과의 합계액 이상이고 지급불능test를 충족하면 자기주식취득이 가능하도록 하는 제도이다. 이는 개정모범사업회사법에서 채택하고 있는 취득재원의 규제 방법이다.

또한, 대차대조표test 규제 방식에서도 유보이익한도액 규제의 경우와 같이 자기주식취득을 분배라는 포괄개념으로 보아 금고주식을 인정하지 않고 있다. 이는 회사가 자기주식을 취득하여 보유하는 것을 인정하지 않고 있기 때문에, 취득한 주식은 소각하여야 하므로 자기주식을 취득한 주식 수량만큼 수권주식 수량은 증가하게 된다.

라. 자기주식에 대한 권리제한

미국의 경우에도 회사가 자기주식을 유효하게 취득하는 경우에도 상법은 자기주식에 대해 ① 의결권을 인정하지 않고 있다. ② 의사정족수의 계산에서 제외시키고 있다. 즉, 회사가 취득한 자기주식에 대해서는 주주총회의 의사정족수 계산 시 산입하지 않는다. ③ 회사가 취득한 자기주식에 대하여는 이익배당청구권이 정지된다. ④ 자기주식의 취득을 위해서는 주주총회의 승인을 필요로 한다. 특히 뉴욕 주, 테네시 주, 미네소타 주 등 몇몇 주에서는 회사가 일정비율 이상의 주식을 보유하고 있는 주주로부터 지배프리미엄을 주고 자기주식을 높게 취득하는 경우 주주총회의 승인을 거치도록 하는 절차 규제도 하고 있다. ⑤ 이사의 충실의무의 이행에 대한 요구이다. 회사의 자기주식의 취득은 이사회의 결정에 따라 행해지고 있기 때문에 이사의 판단에 대하여는 주의의무(신의칙)위반이 문제가 된다. 그러나 이사의 판단원칙(business judgment rule)을 준수하면 주의의무의 위반에 대한 손해배상책임을 지지 않는다. 이때 입증책임은 이사에게 있다. 즉, 적대적 공개매수에 대한 방어수단으로 자기주식을 취득하는 경우 개인적 이해관계가 있는 것이므로 이사는 당해 취득이 회사에 최대의 이익을 가져오는 것임을 스스로 증명해야 한다.

2. 증권거래법의 규제('34년 법)

미국의 '34년 증권거래법은 자기주식은 사유에 제한 없이 자유롭게 취득이 가능하다. 그러나 자기주식취득이 허용되는 경우의 폐해로부터 투자자를 보호하고 시장의 공정성과 투명성을 유지하기 위해 일정규모 이상의 회사가 자기주식을 취득하는 경우 공시와 거래에 대한 규제의 형태를 취하고 있다.

가. 공시 규제

미국의 '34년 증권거래법 제13조(e)항에서는 사기적·기망적 시세조종행위나 관행 및 이를 방지하기 위해 증권거래위원회(SEC)가 제정한 규칙에 위반하여 자기주식을 취득하는 경우에는 이를 위법으로 간주하고 있다. 또한, 동 조항은 SEC가 규칙으로 당해 회사에 대하여 취득이유, 취득자금의 출처, 취득수량, 취득가격, 취득방법, 기타 SEC가 중요하다고 인정하는 정보의 공시를 요구할 수 있도록 규정하고 있다. 이에 따라서 SEC는 규칙을 제정하여 회사가 자기주식을 취득하는 경우 ① 발행인은 취득하려는 주식의 종류 및 수량, 매입상대방 또는 시장의 명, 취득목적, 처분의 방법(소각 또는 금고주식으로서의 보유 여부) 및 취득자금의 출처 등에 관한 정보를 포함한 신고서사본 8통을 SEC에 제출해야 한다. 또한, ② 발행인은 최근 6개월간 자기주식취득신고서에 기재된 내용을 당해 주식소유자에게 송부 또는 교부하지 않은 경우에는 당해 공개매수기간 중에 자기주식을 취득할 수 없다. ③ 비공개 목적의 매수를 포함하여 발행인 및 그 관련 회사가 당해 회사 발행주식 등을 일반적으로 매수하는 경우에도 자기주식취득에 따른 각종 정보를 공시하여야 한다. 그리고 자기주식의 취득과 관련된 공시정보로는 ① 발행자의 명칭, 소재지, 주주의 수, 기발행주식총수, 최근 2년간 배당지급상황, 최근 3년의 증자현황, 과거 2년간의 자기주식취득상황, 그 가격 및 자금출처 등이며, ② 공개매수기간(기간은 20일 이상)이 종료한 후에 당해 주식의 5% 이상을 소유하는 경우에는 사전에 발행자의 주소, 성명, 매수주식의 종류, 수량, 매수자금 출처 및 매수목적 등을 SEC에 신고하도록 하고 있다.

나. 거래 규제

미국에서는 법이 정한 기준에 의해 자기주식을 취득하지 않는 경우에는 시세조종 등 불공정거래행위로 보아 적절한 조치를 취하는 등 회사의 자기주식취득을 위한 거래행위를 제한하고 있다. 미국의 '34년 증권거래법에서는 누구든지 SEC가 정하는 규칙에 위반하여 유가증권의 매매에 관하여 시세조종이나 사기적인 수단 또는 책략을 이용하는 것을 위법으로 규정하고 있다. 그리고 SEC규칙 10b-5에서는 시세조종이거나 사기적인 수단 또는 책략을 구체적으로 규정하고 있다. 즉, 타인의 증권매매를 유인할 목적으로 단독 또는 타인과 공모하여 실제로 유가증권의 매매를 행하거나 외견상 성황을 이루고 있는 듯이 오인하게 하거나, 당해 증권의 시세를 변동시키는 일련의 거래행위를 행하는 것을 위법으로 간주하고 있다.

<표 2-3> 1일 매입제한에 따르는 자기주식취득

구분	거래소시장매입 상장증권	장외에서 매입상장증권	장외등록증권 (NASDAQ등록)	장외등록증권 (NASDAQ등록 제외)
1. 브로커·딜러	-1일 1사, 단 타사의 자발적 매각신청에 응한 것은 가능	-좌동	-좌동	-좌동
2. 매입시간	-동시호가시간 및 거래종료 전 30분간에는 매입 불가	-좌동	-좌동의 제한 또는 레벨2에 독립의 매수호가가 보고된 후	-규정 없음
3. 매수호가	-거래소에서의 독립된 최고 매수호가와 최근에 성립한 매매가격 중 높은 가격	-좌동	-좌동의 제한 또는 레벨2에 현재 보고되어 있는 독립된 최저 매도호가 미만	-합리적이라고 생각되는 독립된 매도호가 미만
4. 1일 매입 수량	-과거 4주간의 일평균 거래량의 25% 미만 -단, 1일 매입량에는 block, stock option에 의한 취득과 브로커·딜러를 통하지 않은 취득 수량은 불포함	-좌동 -좌동	-좌동 -좌동	-과거 5영업일의 매입량과 발행주식총수의 0.05% 미만 -좌동

자료: 한국거래소 내부자료.

그런데 자기주식을 유가증권시장에서 매입하는 경우 이러한 규정을 위반할 소지가 많기 때문에 SEC규칙 10b-18에서는 자기주식을 취득하는 경우 시세조종행위에 해당되지 않는 것으로 간주하는 적용예외규정(safe harbor 규정)을 두고 있다. 예를 들면, ① 매수의 권유를 수반하는 경우는 1일에 1개의 증권회사를 통하여 취득하는 경우. 단, 권유를 수반하지 않는 매수의 경우는 복수의 증권회사를 통하여도 무방하다. ② 시초가결정전의 시간이나 시장거래 종료 전 30분 사이에 취득하지 않는 경우. ③ 회사의 매수호가가 현재의 매수호가의 최고치 또는 직전체결가격 중 높은 쪽을 초과하지 않는 경우. ④ 1일당 취득 수량이 1거래 난위(100주)와 과거 4주간의 일평균 거래량(당해 회사의 거래를 제외)의 25% 중 많은 쪽을 넘지 않는 경우에는 외견상 1934년 증권거래법 제9조(a)(2) 등의 시세조종행위에 해당하더라도 동 조항을 위반하지 아니한 것으로 간주한다. 이처럼 미국은 자기주식취득에 대하여 금지의 원칙을 정하는 직접적인 규제 방식을 채택하지 않고, 일정한 기준에 의한 자기주식취득은 불공정거래로 보지 않는다는 거래행위의 규제를 통하여 자기주식취득에 대한 규제를 하고 있다.

이를 종합하면, 미국은 자기주식취득을 허용하는 경우에 투기나 시세조종 등 불공정성 거래가 발생할 수 있다는 가정을 두고 법에서 자기주식취득에 대한 예외기준을 정하고 있으며, 또한 자기주식의 취득을 위한 매매행위의 경우에도 일정한 매매에 따른 기준을 두고 있다. 그래서 회사가 정해진 기준의 범위 내에서의 자기주식의 취득행위를 위한 매매행위는 시세조종 등의 불공정거래로 보지 않는다.

3. 개별기업에 의한 자율 규제

미국에서는 공적 규제 외에 회사가 독자적으로 불공정거래 방지책을 강구하고 있다. GE(General Electrics)는 자기주식의 취득계획을 추진하고, 자체의 불공정거래 방지책을 마련하고 있는데 그 주요 내용을 보면 ① IR담당자와 기타 중요한 부서의 담당자에 대하여 사전에 내부자거래의 규제에 대한 위반을 방지하기 위한 교육을 시키고 있으며, 내부자거래를 하지 않겠다는 내용의 선언서에 서명을 받고 있다. ② SEC에 등록할 때 자기주식취득계획서에는 계획의 상세한 내용 및 중요 사실을 모두 공시한 후에 시작할 것임을 명시하고 있다. ③ 자기주식은 5개의 증권회사를 통하여 1일 거래량의 10% 이내로 거의 규칙적으로 매수하고 있다. 회사의 중요한 사실이 확정된 때, 회사가 사전에 자기주식을 매수한 사실이 있는 경우에는 내부자거래의 혐의를 받을 수도 있다. 그러나 미리 계약을 체결하여 제3자를 통해 일정하게 매수하면 불공정거래에 해당하지 않는다. 또한, ITT사도 내부자거래방지를 위하여 ① stock option에 의한 취득주식 수량 또는 종업원지주회에 가입한 자의 취득주식 수량은 일정기간 매각을 금지하며, ② 이사회 개최 전후에는 주식매각을 금지하는 등의 조치를 취하고 있다. 이는 이사회에서 중요 사실에 관한 실의가 이루어지는 경우가 있기 때문이다.

Ⅱ. EC 통일지침에 의한 자사주취득규제

1. EC 통일지침

EC 성립 후 1976년에 가맹국 간에 회사법의 조정이 이루어짐으로써 제정된 EC 제2차 회사법 지침에서 자기주식취득에 대한 규제를 하고 있다. 즉, EC의 각국은 국가에 따라 자기주식취득에 대한 규제 내용도 다소 차이가 있었으나, EC의 각국은 국내법에 동 EC 통일지침의 내용을 반영하도록 하고 있다. EC 제2차 회사법 지침에서는 회사가 자기의 주식을 취득하는 것을 원칙적으로 제한하고 있지만, 주주총회의 승인이 있거나 승인이 없는 경우라도 무상으로 취득하는 경우 등 일정한 경우에는 자기주식의 취득을 인정하고 있다. 그리고 이 경우에도 자기주식취득에 대한 목적 규제, 재원 규제, 수량 규제, 보유 규제, 공시 규제 등을 하고 있다.

2. EC 통일지침의 자기주식취득규제

가. 목적 규제

회사가 자기의 주식 취득을 금지하되, 취득 예외 규정을 두어 회사가 일정한 목적으로 자기주식을 취득할 수 있도록 하고 있다. 이처럼 회사가 자기의 명의와 계산으로 자기주식에 대한 취득이 허용되는 사유로는 ① 주주총회의 승인이 있는 때,[9] ② 중대하고 급박한 손해를 회피하기 위한 때, ③ 종업원에게 제공하기 위한 때, ④ 감자를 실시하기 위한 때, ⑤ 포괄승계에 의한 때, ⑥ 무상으로 취득한 때, ⑦ 법원의 결정에 의한 때, ⑧ 법원의 경매에 따른 권리의 실행을 위한 때, ⑨ 종속회사의 소수주주에게 제공하기 위한 때, ⑩ 주주가 출자의무를 이행하지 않는 때 등이다. 이처럼 특별한 조건에서만 예외적으로 자기주식을 취득하도록 하고 있는데 이를 목적 규제라고 한다.

나. 제 규제의 내용

회사가 일정한 목적으로 주식을 취득하고자 하는 경우도 자기주식에 따른 재원, 수량, 보유 및 공시에 대한 규제를 하고 있다.

첫째로 자기주식취득에 대한 취득재원 및 취득 수량에 대한 규제

---

9) 회사가 주주총회의 승인을 얻고자 할 때에는 승인의 유효기간(18개월 이내), 취득조건, 취득가액의 최고·최저액 등을 정하여야 한다.

를 하고 있다. 예를 들면, 회사가 자기주식을 취득할 수 있는 경우로 는 ① 주주총회의 승인이 있어야 한다. 그리고 ② 회사는 중대하고 급박한 손해를 회피하기 위한 경우 자기주식을 취득할 수 있다. 또한, ③ 회사가 자기주식을 취득하여 종업원에게 제공하기 위한 경우에는 순자산액이 자본 및 법정준비금 이상이어야 하며, 취득 수량은 인수자본(발행주식총수)의 10% 이내이어야 한다. 이때 전자는 취득재원의 규제이며, 후자는 취득 수량의 규제이다.

둘째로 자기주식취득에 대한 보유 규제를 하고 있다. 자기주식보유 규제의 내용을 보면 ① 주주총회의 승인이 있는 경우와 중대하고 급박한 손해를 회피하기 위한 경우로서 회사가 취득한 자기주식에 대한 보유기간은 제한하고 있지 않다. ② 회사가 종업원에게 자기주식을 제공하기 위하여 취득한 경우에는 1년 이내에 종업원에 분배하여야 한다. ③ 회사가 감자를 실시하기 위해 자기주식을 취득한 경우에는 즉시 소각해야 한다. ④ 회사가 포괄승계, 무상으로의 취득, 법원결정, 법원의 경매에 따른 권리의 실행, 종속회사의 소수주주에게의 제공, 주주가 출자의무를 이행하지 않음으로 인하여 자기주식을 취득한 경우에는 이를 3년 이내에 처분하여야 한다.

셋째로 자기주식취득에 대한 공시 규제를 하고 있다. 예를 들면, 회사가 자기주식을 취득한 경우에는 연차 보고서에 취득사유, 주식 수량, 처분 주식 수량, 기말 보유주식 수량 등을 게재하여야 한다. 특히 중대하고 급박한 손해를 회피하기 위한 경우에는 주주총회에 그 취득사유와 가격 등을 보고하여야 한다.

Ⅲ. 영국의 자기주식취득규제

영국에서의 증권시장의 규제는 대부분 자율 규제에 위임되고 있다. 그 때문에 상장회사의 자기주식취득에 있어서는 1985년 회사법 이외에 런던증권거래소의 자율규제 및 영국보험회사협회(ABI) 등에 의한 자율규제 등이 자기주식취득규제에 있어 중요한 역할을 하고 있다.

1. 회사법에 의한 규제

가. 자기주식취득제한

영국에서는 자기주식취득이 판례법상 금지되어 있었기 때문에 종래 회사가 자기주식을 취득하는 것은 예외의 경우를 제외하고는 엄격하게 금지되어 왔다. 그러나 EC 제2차 회사법 지침을 수용한 1981년 개정된 회사법에서는 자기주식의 취득에 대한 금지가 대폭적으로 완화되면서 자기주식의 취득을 위한 거래가 비교적 활발하게 이루어지고 있다. 더욱이 1980년 회사법과 1981년 회사법이 통합되어 1985년 회사법이 출범하면서 주주총회의 승인 등 일정한 절차에 의한 자기주식취득을 인정하는 등 개정과정에서 자기주식에 대한 규제가 상당히 완화되었으나, 역시 영국의 1985년 회사법 제143조는 회사가 자기주식을 취득하는 것은 매입, 응모인수 기타의 어느 방법에 의하든 원칙적으로 금지하고, 금지의 예외로 회사가 자기주식을 취득할 수 있는 사유를 한정하여 열거하고 있다. 예를 들면, ① 자기주식을 무상으로 양수받는 경우, ② 감자의 실행을 위하여 자기주식을 취득하는 경우, ③ 법원의 명령에 의해 자기주식을 반대주주로부터 매입하는 때, ④ 분할납입주식에 대한 납입이 되지 않는 경우에 회사가 미납한 주주로부터 당해 자기주식을 매입 또는 반환을 받는 경우, ⑤ 85년 회사법 제Ⅴ부 제Ⅶ장의 상환주식, 회사에 의한 자기주식의 구입에 따라서 자기주식을 취득하는 경우에는 자기주식의 취득이 가능하다. 그러나 ⑤의 경우는 회사가 자기주식을 취득하기 위해서는 부속정관(articles of association)에 자기주식을 취득할 수 있다는 취지를 기재하여야 한다. 또한, 회사가 취득할 수 있는 자기주식의 수량에 대하여 구제적인 제한은 없지만, 자기주식을 취득한 결과 주주가 상환주식 이외의 주식을 보유하고 있지 않은 경우에는 자기주식은 취득할 수 없다고 규정하고 있다. 이처럼 예외의 경우를 제외하고는 자기주식의 취득은 위법이 된다. 그 때문에 이를 위반한 자기주식취득은 무효이고, 또한 위반한 회사에 대하여는 벌금을 부과하며, 그 회사의 이사에 대하여는 징역 혹은 벌금 또는 그 병과의 형사 벌을 부과할 수 있다.

나. 재원 규제

1985년 회사법에 의해 취득한 자기주식은 취득 시에 소각된 것으로 보고, 회사의 자본금(issued share capital)은 취득된 자기주식의 액면 총액만큼 감소한다. 따라서 자기주식의 취득은 배당가능이익과 자기주식취득을 목적으로 발행된 신주의 발행대행금액에 한정하고 있다. 구체적으로 말하면 회사가 배당가능이익을 재원으로 자기주식을 취득하는 경우에는 즉시 소각하게 됨으로써[10] 소각된 자기주

---

10) 소각을 의무화하고 있는 취지는 ① 회계상의 문제를 해결하고, ② 주주의 신주인수권(pre-emptive right)하에서 기존주주의 보호에 있다고 할 수 있다(Berner, 1988). 즉, 영국회사법에서는 회사가 보통주를 발행하는 때에는 기존의 주주가 신주인수권을 보유하는 것을 원칙으

식의 액면 총액만큼 자본금도 감소한다. 그 때문에 자본 유지의 견지에서 그 자본금의 감소금액에 상당하는 금액이 자본상환준비금(capital redemption reserve)으로서 대차대조표의 자본의 부에 적립되어야 한다. 또한, 신주발행대금을 재원으로 하여 자기주식을 취득하는 경우에는 자기주식취득에 의한 자본금의 감소금액이 신주발행대금[11]을 상회하는 부분에 대하여 자본상환준비금을 적립할 필요가 있다. 이러한 자본상환준비금은 자본금과 같이 취급을 받으며, 이것을 이월하여 주식의 무상 교부를 행하는 경우를 제하고는 정식으로 감자절차를 밟지 않으면 이것을 자기주식취득재원으로 사용할 수는 없다. 그러나 주식과 사채의 공모발행이 인정되고 있지 않은 개인회사(private limited company)에 대해서는 자본금, 자본준비금을 재원으로 한 자기주식취득도 인정되고 있다.

다. 취득방법에 의한 규제의 차이

1985년 회사법에서는 자기주식의 취득방법에 따라서 규제에 강약을 두고 있다. 예를 들면, 자사주를 취득하는 방법으로서는 ① 거래소시장에서 매입(market purchase), ② 거래소시장 외에서의 매입(off-market purchase) 및 ③ 정지조건부매입계약(contingent purchase contract)의 3가지의 방법이 있다. 거래소시장에서 자기주식을 취득하는 경우에는 주주총회의 보통결의에 의한 자기주식취득의 포괄승인을 필요로

로 하고 있고, 주주할당 이외의 방법으로 보통주를 발행하는 경우에는 주주총회의 특별결의에 의한 주주의 사전승인을 필요로 하고 있다. 따라서 자기주식의 취득 후에 계속 보유한 이후에 다시 매출을 하게 되면 기존의 주주로서 신주인수권을 보유하게 되므로 취득 시의 소각을 의무로 하고 있다고 생각된다.

11) 여기에서 신주발행대금은, 신주발행에 의한 자본금증가액과 자본준비금증가액의 합계액을 말한다.

하고 있다. 그러나 거래소시장 외와 정지조건부구입계약에 의해 자기주식을 취득하는 경우는 자기주식취득 계약 시마다의 주주총회의 특별결의에 의한 개별승인을 필요로 하고 있다. 이처럼 거래소시장에서의 매입 방법은 다른 방법보다도 규제가 완화되어 있다.

이처럼 규제의 강약을 두고 있는 이유는 명백하지는 않으나, 특별결의를 요건으로 하는 사안은 보다 높은 수준의 보호를 필요로 하고 있기 때문이라고 할 수 있다. 즉, 거래소시장 외에서나 혹은 정지조건부구입계약으로 자기주식을 취득하는 경우에는 거래소시장에서 자기주식을 구입하는 것보다는 폐해의 가능성이 높다는 섬이 고려되고 있다고 볼 수 있다. 그러나 거래소 시장에서의 취득은 통상 개개의 주주의 통제가 되지 않는 시장원리에 의하여 결정되는 공정가격에서 취득·처분할 수 있으므로 주주에 대한 폐해의 가능성은 낮고, 자기주식을 특정인으로부터 취득하는 것이 아니라 불특정다수인으로부터 취득하기 때문에 인센티브도 적을 수 있기 때문으로 볼 수 있다.

1) 거래소시장에서의 규제

거래소시장에서 자기주식취득을 행하고자 하는 회사는 자기주식취득에 대하여 주주총회의 보통결의에 의한 승인을 받아야 한다. 한편, 주주총회에서는 자기주식을 취득할 수 있는 상한의 주식 수량, 상한가격과 하한가격, 자기주식취득기간을 정하여야 하며, 이때 취득할 수 있는 유효기간은 총회결의일로부터 18개월 이내로 하고 있다. 또한, 자기주식의 취득에 관한 내용의 변경, 취소 또는 갱신의 경우에도 주주총회의 보통결의에 의하여야 한다. 그러나 1985년 회사법의 규정에도 불구하고, 주주총회에서 특별결의를 요하는 사항으로는 다음과 같다. ① 자기주식을 취득할 수 있는 수량은 발행주식총수의 10% 이하로 정해야 한다. ② 취득이 가능한 가격은 상한가격의 경우는 취득 전 10영업일 간의 평균가격의 105% 이하로, 하한가격의 경우는 그 주식의 액면금액으로 정해야 한다. ③ 취득기간은 익년의 정기주주총회의 날까지로 정하여야 한다. 이와 같이 자기주식을 취득하는 조건을 획일적으로 정하고 있는 이유는 영국의 주요 기관투자가의 업계단체인 영국보험업자협회(Association of British Insurers)의 투자위원회가 자기주식의 취득에 관한 지침(guideline)을 정하고, 적절한 주주보호를 위해 자기주식취득의 승인은 특별결의에 의할 것과 취득할 수 있는 상한을 1년 동안에 발행주식총수의 10% 이하로 할 것과 취득권한의 승인을 1년마다 갱신하도록 요청하고 있기 때문이다. 그리고 주주총회에서 자기주식취득에 대한 권한을 회사에 부여하기로 결의한 경우에는 회사는 결의일로부터 15일 이내에 그 결의결과를 등기하여야 한다.

회사가 주주총회의 결의로서 자기주식을 취득한 때에는 공시절차를 이행하여야 한다. 예를 들면, ① 등기담당관에게 보고서를 제출한 회사가 자기주식을 취득한 때에는 그 자기주식인도를 받은 날로부터 28일 이내에 소정의 사항을 기재한 보고서를 등기담당관에게 제출하여야 한다. ② 회사는 자기주식취득의 계약서나 또는 서면에 의하지 않은 경우에는 그 계약의 내용을 기재한 메모의 사본을 자기주식취득일 후 10년간 본점에 비치하고 회사의 영업시간의 범위에서 공중의 열람에 제공하여야 한다. 이때 열람시간은 주주총회결의에 의하여 합리적인 제한을 할 수 있으나 2시간 이상 열람할 수 있도록 하여야 한다. ③ 자기주식을 취득한 회사는 연차보고서의 이사회 보고서(directors report) 난에 당해 사업연도 중에 취득한 주식 수량, 그 액면총액, 회사가 지불한 대가총액, 취득의 사유 등을 기재하여야 한다.

2) 거래소시장 외에서의 규제

거래소시장 외에서 혹은 정지조건부매입계약에 의해 자기주식을 취득하고자 하는 회사는 개개의 자기주식취득 계약 시마다 주주총회의 특별결의에 의해 승인을 받아야 하며, 특별결의에서는 그 취득계약에 의하여 매수가 예정된 자기주식에 대해서는 의결권은 배제하고 있다. 따라서 취득계약의 당사자인 주주는 의결권의 행사를 할 수 없으며, 매입대상이 되지 않는 주식수량에 대하여만 의결권을 행사할 수 있다. 또한, 특별결의에서는 자기주식취득기간을 결의하여야 한다. 이때 자기주식취득기간은 결의일로부터 18개월 이내의 소정의 일로 정하여야 하며, 취득계약의 체결일이 취득기간 전인 경우에는 자기주식의 취득은 실효일 이후에 할 수 있다.

한편, 주주는 자기주식취득계약서를 주주총회의 15일 이전부터 회사의 본사에서 열람할 수 있고, 총회 당일에도 이의 열람이 가능하다. 또한, 회사는 사업보고서에 취득주식수량, 액면총액, 액면금액, 취득사유 등을 기재하여야 한다. 특히 무상취득의 경우에는 자기주식취득일로부터 28일 이내에 취득주식수량, 취득가액, 취득일자 등을 기재한 보고서를 등기소에 제출하여야 하고, 자기주식취득계약서 등은 10년간 등기사무소에 비치하여 열람할 수 있도록 하고 있다. 그러나 특별결의의 등기, 자기주식을 취득한 후의 공시, 취득계약의 보존·공중열람의무는 거래소시장에서의 자기주식취득의 경우와 같다.

보유 규제에 있어서는 거래소시장 외에서 회사가 무상으로 자기주식을 취득하거나 또는 법원의 명령에 의해 자기주식을 취득하는 경우에는 이를 즉시 소각해야 한다. 그리고 회사가 미납주식을 상대주주에게서 취득하는 경우에는 법원의 명령에 의해 소각해야 하며, 회사가 감자의 목적과 상환주식 및 매입의 방법으로 자기주식을 취득하는 경우에는 3년 이내에 처분하여야 한다.

2. 런던증권거래소에 의한 규제

런던증권거래소는 상장회사의 자기주식취득에 대하여 상장규칙(yellow book)에서 회사법보다도 엄격하게 규정하고 있다. 즉, 상장회사가 자기주식을 취득하고자 하는 경우에는 주주총회의 승인, 보유자총회의 승인, 주주총회소집통지서에의 기재의무 등 주주총회와 관련된 규제와 공시 규제, 거래 규제 등을 하고 있다.

가. 주주총회 결의

1985年 회사법에서는 회사가 정관에 자기주식을 취득할 수 있는 내용을 규정하도록 하고 있다. 그러나 상장회사의 경우에는 상장규칙에서 정관에 취득할 자기주식의 전환 가능한 주식의 종류별 주주총회의 특별결의에 의한 승인을 받지 않으면 자기주식을 취득할 수 없다는 뜻을 규정하도록 하고 있다. 또한, 자기주식을 취득하고자 하는 회사가 전환사채와 신주인수권부사채를 발행하고 있는 경우에는 회사가 자기주식취득 계약을 체결하기 전 또는 시장에서의 최초

의 매수를 하기 전에 그 종류증권의 보유자총회의 특별결의에 의한 승인을 받도록 하고 있다. 그리고 그 보유자총회의 소집통지서에는 자기주식을 취득하였을 경우 투입되는 회사의 재산 및 이익의 면에서 전환권과 신주인수권에 미치는 영향에 대한 예상되는 내용을 명확히 표시하도록 하고 있다.[12] 또한, 전환사채를 발행하고자 하는 상장회사는 그 전환사채의 신탁증서에 회사가 자기주식을 취득하고자 하는 경우 보유자총회의 특별결의에서 승인을 받아야 한다는 뜻을 기재하여야 한다.

나. 공시 규제

상장회사에 대해서는 일반 비상장회사에 비해 공시의무가 부과되고 있다. 첫째, 상장회사는 이사회가 자기주식취득에 관한 안건을 주주총회에 제출하기로 결정한 경우, 상장기업은 주주총회에서 결의된 결과를 증권거래소에 통지하여야 하며, 결의내용에는 자기주식을 증권거래소시장에서 취득할 것인가, 또는 증권거래소시장 외에서 취득할 것인가에 대한 구분표시가 있어야 한다. 둘째, 상장회사가 자기주식을 취득한 경우에는 취득한 수량, 각각의 취득가격 또는 최고가격과 최저가격을 늦어도 취득일 익일 오전 8시 30분까지 증권거래소에 통지하여야 한다. 셋째, 사업연도 말에 자기주식을 취득하고

---

12) "기네스"사는 1987년 12월에 주주총회에서 자기주식취득이 승인을 받은 같은 날에 전환사채의 보유자 총회에서의 승인을 받았으며, 그 보유자 총회의 소집통지에는 ① 자기주식취득으로 보유자의 전환권에는 영향을 주지 않을 것이며, ② 자기주식취득은 보통주의 주주에게도 이익이 되며, 전환사채의 보유자에게도 전환권을 행사하여 이익을 얻을 가능성이 높을 것이며, ③ 현재의 주가 수준에서 자기주식취득을 모두 실행한다 해도 동사의 1주당순자산은 1986년 말의 감시대치대조표상의 수준을 유지할 것이며, ④ 당해 전환사채의 수탁자(trustee)는 자기주식취득 권한의 승인을 보유자 총회의 특별결의에 의하는 것에 대해 반대 표명하지 않을 것 등 전환사채 보유자에 대한 자기주식취득의 영향에 관하여 간결하게 기술되어 있다.

자 하는 상장회사는 그 연차보고서에 ① 보유하고 있는 자기주식취득 권한의 내용, ② 당해 사업연도 중에 거래소시장 외(공개매수에 의한 경우는 제외)에서 자기주식을 취득하는 경우에는 당해 자기주식을 매도한 주주의 명칭, 취득주식 수량, 액면총액, 매입총액, ③ 당해 사업연도 말 이후에 자기주식을 취득하는 경우에는 취득주식 수량, 액면총액, 매입총액 등을 공시하여야 한다.

다. 대량취득의 규제

주주총회에서 발행주식총수의 15% 이상의 자기주식취득 권한의 승인을 받고자 하는 경우에는 주주에게 보내는 소집통지서에 그 권한을 최고 한도의 가격으로 모두 행사하는 것을 전제로 하여 ① 취득한 자기주식의 상세한 가격, ② 대가의 총액, ③ 취득결과로서 발생되는 예상이익, ④ 그룹(group)의 운전자본이 충분한가의 여부와 충분하지 않은 경우 추가적인 운전자본 조달 방법에 관한 이사회의 의견, 부여된 권한에 관한 의도[13] 등의 내용이 포함되어야 한다. 그러나 12개월 동안 발행주식총수의 15% 이상의 자기주식취득을 행하고자 하는 경우에는 공개매수(tender offer)의 방법에 의해 취득하도록 하고 있다.

라. 거래 규제

회사가 거래소시장에서 자기주식을 취득하고자 하는 경우에는 다음과 같은 거래 규제를 하고 있다. 첫째는 호가 규제이다. 거래소시장에서의 자기주식취득의 가격은 취득하는 날의 전 10영업일 간의 공식시

---

13) 예를 들면, 일정 기간에 있어서 구입을 실행할 것과 일정 주식수에 달할 때까지 구입을 할 것 등.

세표(daily official list)에서 시장호가의 중위평균치의 105% 이하이어야 한다. 영국보험회사협회기준에 의하면 취득가격이 취득 전 10일 동안의 시장호가평균치보다 10% 이상 낮아야 한다. 이러한 영국보험회사협회의 ABI 기준은 기관투자자가 참고로 하는 데 불과하지만, 실제로는 대부분의 상장기업을 구속하고 있다. 둘째는 거래 규제이다. 회사가 이해관계자[14]로부터 put through의 방식에 의해 거래소시장에서 자기주식을 취득하고자 하는 경우에는 주주총회의 결의에 의한 사전 승인이 필요하다. 여기에서 put through의 방법이란 동일한 종목에 대하여 사전에 매도·매수의 가격, 매도·매수의 수량 및 매도·매수자가 이미 정해져 있고 형식적으로 시장을 통하여 행하는 거래를 말한다. 즉, 사전에 매도측과 매수측이 결정되어 있고 형식적으로 시장을 통하여 행하여지는 거래로서 우리나라의 자전거래(cross trading)에 해당된다.

3. PTM에 의한 규제

영국에서는 공개매수에 관한 자율 규제기관(Panel on Takeovers and Mergers: PTM)이 정한 자율 규제규칙(City-code)이 있다. 자율 규제규칙(City-code)에서는 상장회사가 공개매수기간 중에 또는 공개매수가 임박하여 자기주식을 취득하고자 하는 경우에 주주총회의 승인 없이는 자기주식의 취득을 원칙적으로 금지하고 있다. 그리고 당해

---

14) 이해관계자란 ① 과거 12개월간의 어느 시점에서 당해 회사 또는 그 자회사, 지주회사 혹은 형제회사의 이사로 있던 자. ② 과거 12개월간의 어느 시점에서 당해 회사 또는 그 자회사, 지주회사 혹은 형제회사의 발행주식수의 10% 이상을 보유하고 있던 주주, ③ 상기 ① 또는 ②의 매수자 혹은 18세 미만의 자녀, ④ 대주주가 회사인 경우에는 당해 회사 그 자회사, 지주회사 혹은 형제회사의 group에 의해 직접 또는 간접으로 의결권의 30% 이상 또는 회사의 과반수를 지배하고 있는 회사.

회사가 주주총회의 승인을 얻어 자기주식을 취득한 때에는 취득한 날의 익일 정오까지 취득 수량, 취득가액, 취득 후의 발행주식총수를 증권거래소에 서면으로 통지하여야 하며, 통지를 받은 증권거래소는 이 사실을 PTM에 통지하고 동시에 공표하여야 한다. 그리고 공개매수의 대상인 상장회사의 이사회는 취득 개시로부터 14일 이전에 당해 공개매수에 관하여 주주들에게 의견표명을 하여야 하며, 그 의견표명의 문서에는 당해 기업이 과거의 12개월 동안 행한 자기주식의 취득금액, 취득일자, 그 취득가액 등을 공시하여야 한다.

또한, 공개매수 회사가 그 공개매수 기간 중에 자기주식을 취득한 때에는 공개매수 대상 회사와 동일한 형태의 공시를 하여야 한다. 아울러 회사가 공개매수의 개시 시에 공표하는 문서(offer document) 중에는 역시 과거 12개월 동안에 행한 자기주식의 취득금액, 취득일자, 그 취득가액 등을 공시하여야 한다.

IV. 독일의 자기주식취득규제

독일에서의 자기주식의 취득은 전전에는 완전히 자유로웠으나 전후에는 자기주식의 취득이 금지되었다. 그 후 법적 효력은 없지만 규범규정(Sole규정)에서도 자기주식의 취득은 금지되었다. 그러나 1920년대에 제3자의 명의로 회사의 계산에 의해 다수의 자기주식을 취득하여 주식위험을 회사에 부담시키는 사례가 많이 발생하게 되자, 주식회사법에서는 자기주식취득을 원칙적으로 금지하였고, 예외적으로 일정한 사유에 한정하여 인정하게 되었다.

그러나 독일 사법성에서도 참가하여 마련한 EC 제2지침을 수용한 1978년 주식회사법에서는 자기주식취득금지를 완화하여 자기주식의 취득을 허용하면서 일정한 조건과 절차를 거쳐 취득하도록 하여 취득에 일정한 제한을 하고 있다.[15] 그리고 예외의 경우로는 첫째, 중대하고 현존하는 손해를 회피할 필요가 있는 경우에는 자기주식취득의 100분의 10으로 제한하고 있다. 그런데 어느 경우가 현존하는 손해를 회피하기 위한 요건에 충족되는가는 사법적 판단을 요하는 것이나, 예를 들면 주가하락과 같은 사유를 들 수 있다. 그러나 모든 경우의 주가하락을 이유로 자기주식을 취득하는 것이 정당화될 수는 없다. 즉, 불황으로 증자를 위한 자금이 모집되지 않는 경우, 주가가 낮아져 차입금리가 높아지는 것을 피하기 위한 경우, 또한 회사의 대차대조표가 나쁘거나 혹은 대중매체(mass media)에서 회사에 대한 나쁜 정보가 유포되고, 회사의 매상고와 제품의 발주수량이 감소함에 따라 주가가 하락하는 것에 대응하기 위해 자기주식의 거래를 하는 행위의 경우는 정당한 행위로 볼 수 없다. 그 때문에 이러한 경우는 회사에 중대한 손해를 회피하기 위하여 필요한 때의 요건에 해당되지 않으므로 자기주식을 취득할 수 없다.

둘째는 자기주식을 취득하여 종업원에게 제공하는 경우이다. 종업원지주회에 자기주식을 제공하는 방법은 시장에서 매입하여 양도하는 방법과 종업원에 신주를 발행하는 방법이 있다. 이 중 시장에서 자기주식을 매입하여 종업원에게 제공하는 경우로서 종업원이 회사로부터 시장가격보다도 낮게 자기주식을 양수한 경우에는 세법

---

15) 독, 영, 불 등 각국은 종래 자기주식을 원칙적으로 금지하였으나 1976년에 제정된 EC 제2차 회사법 지침을 국내법화함으로써 주주총회의 승인 등 일정 요건하에서 이를 허용하였고, 취득 목적, 재원, 수량 규제 및 보유, 공시 규제 등을 행하고 있다.

은 그 시가와의 차액이 연간 500마르크까지는 비과세한다. 또한, 회사가 시장가격으로 자사주를 취득하여 종업원에게 양도하는 경우, 주가가 회사의 취득 시보다도 하락하여 양도할 때에 취득가액보다 낮은 가격으로 양도한 경우에는 이사회에서 자기주식의 취득을 결의하고 종업원에 대한 Incentive를 부여하기로 결정한 것이기 때문에 가격하락에 따른 손실을 회사가 부담하고 종업원에게 양도할 수 있다.

한편, 독일에서는 독일 주식회사법에 의한 자기주식취득에 대한 규제가 있을 뿐 거래소의 자율 규제나 자율 규칙(Rule)에 의한 규제는 없다. 그러나 내부자거래에 대해서는 증권거래소의 자율규칙에 의해서 규제되고 있다.

Ⅴ. 프랑스의 자기주식취득규제

1. 회사법에 의한 규제

가. 자기주식취득제한

프랑스의 회사법에서는 자기주식을 취득하여 장기간 보유하는 것은 금지되고 있다. 그 이유는 사단법인이 자기의 구성원이 되는 것은 동일 인물인 동시에 채권자와 채무자가 되는 것과 같고, 법률상 불투명하며, 회사가 자사의 주식가격을 조작할 우려가 있기 때문이다. 그러나 1967년에 자기주식취득에 대한 예외규정을 두어 종업원에게 자기주식을 제공하거나 상장회사가 시세조정을 위해서는 자기주식을 취득하여 일시적으로 소유하는 것을 인정하고 있으나, 적법한 감자를 위하여 취득한 자기주식은 소각하도록 하고 있다. 그 후 EC 제2차 지침에 따른 1981년 12월 30일 회사법의 개정으로 타인명의에 의한 매수, 자기주식의 질취 및 인수가 금지되고, 제3자가 자기주식을 매입하기 위한 자금의 대부 및 보증도 금지되었다. 그러나 종래의 자기주식의 예외취득사유는 유지함과 동시에 이를 확대하여 ① 결손에 기인하지 않은 감자, ② 포괄승계에 의한 때, ③ 재판소의 판결에 의한 때에는 자기주식을 취득할 수 있도록 하였다. 반면, 종래의 자기주식의 예외취득사유였던 ④ 종업원에게 분배하기 위해서나, ⑤ 시세조정을 위한 경우에는 일정의 조건을 충족하는 경우에 취득을 인정하고 있다. 그러나 이러한 예외취득이 인정되기 위해서는 다음과 같은 몇 가지 공통의 조건을 구비하여야 한다. 첫째, 총발행주식의 10%를 초과하여 취득할 수 없다. 이때 종류의 주식을 발행하고 있는 때는 종류마다 10% 이내에서 취득하여야 한다. 둘째, 자기 또는 타인명의에 의한 자기주식을 취득하는 때는 그 취득가액과 동액 이상의 준비금을 적립하고, 소유하고 있는 기간 그것을 유지하여야 하며, 자기주식의 취득결과 대차대조표의 자기자본의 금액이 자본금과 분배불능준비금의 합계액보다 적어서는 아니 되며, 자기주식의 취득결과 대차대조표의 자기자본의 금액이 자본금과 분배불능준비금의 합계액보다 적어서는 아니 되며, 또한 상장주식인 경우는 취득한 자기주식이 기명주식이어야 한다. 셋째, 자기주식은 전액 납입을 하여야 한다. 이상의 조건을 충족하지 않고 취득한 자기주식은 취득 후 1년 이내에 처분하여야 하며, 만일 회사가 처분하지 않은 때는 그 자기주식은 무효가 된다.

나. 매수선택권을 위한 자기주식취득규제

회사는 종업원에게 주식매수선택권(option d'achat d'actions)을 부여하기 위하여 자기주식의 취득을 허용하고 있다. 이 경우에도 예외취득이 인정되기 위해서는 일정한 조건을 구비하여야 하며, 그 조건은 앞에서 언급한 예외취득이 인정되기 위한 공통조건과 같다. 그러나 종업원에게 분배를 위한 자기주식의 경우, 자기주식을 취득한 회사에는 다음과 같은 의무를 부여하고 있다. 첫째는 장부에 거래의 일자, 거래가격, 매수가격마다의 수량, 매수비용의 총액을 기록하여야 한다. 둘째는 이사는 주주총회에서 매수수량, 평균매수가격, 매매비용, 사업연도 말의 소유 수량과 시가평가액, 매수의 목적, 자기주식의 자본금 상당액을 보고하여야 한다. 그리고 매수한 자기주식은 1년 이내에 분배하여야 하며, 선택권(option)도 1년 이내에 부여하여야 한다.

다. 시세조정을 위한 자기주식취득규제

회사는 시세의 변동을 조정하기 위해서나, 시장의 거래량이 적은 때에 유동성을 확보하기 위해서 자기주식을 취득한다. 시세조정을 위한 매수 조건으로는 예외취득이 인정되기 위한 공통조건 이외에도 다음과 같은 조건을 충족하여야 한다. 첫째, 주식이 거래소에 상장되어 있어야 하며, 취득가격은 전 30일간의 시가의 평균 이상이어야 하며, 매각가격은 동 평균가격을 하회하여야 한다. 둘째, 주주총회의 승인을 얻어야 한다. 총회에서는 거래의 방법, 매수가격의 상한, 매도가격의 하한, 매수주식수의 상한, 18개월을 초과하지 않는 유효기한을 정하여야 한다. 만약 이러한 조건들을 위반하여 취득하는 때에는 1년 이내에 처분하여야 하며, 1년 이내에 처분하지 않은 자기주식은 무효가 된다. 그리고 시세조정을 위하여 자기주식을 매매하는 때는 장부에 거래일, 매매의 가격, 가격마다의 매매수량, 매매비용의 총액, 매수 총수량과 금액, 중개브로커, 은행의 명칭, 대리인을 두는 경우 대리인의 명칭을 기록한다. 한편, 이사는 주주총회에서 매매의 수량, 매매의 평균가격, 비용의 총액, 사업연도의 소유 자기주식의 수량, 시가, 매수의 목적, 자본금에 대한 비율을 보고하여야 한다.

2. CBO의 규칙

프랑스 회사법은 시세조정을 위한 매수와 종업원에 분배하기 위한 매수를 인정하지만, 프랑스증권거래소위원회(CBO)의 시세에 관한 규칙 90-04에서는 상장회사의 시세조정을 위한 자기주식의 매매를 규제하고 있다. 즉, 회사는 주주의 이해관계자의 이익을 도모하기 위해서 주식시장의 유동성 또는 시세의 과도의 변동을 감소시킬 목적으로 자기주식의 매매를 하여서는 아니 된다. 따라서 시세조정을 위한 자기주식의 매매는 주식시장의 유동성을 확보하기 위해서 또는 시세의 과도한 변동을 억제하기 위해서만 행하여져야 한다. 이때 어느 경우이든 모든 주주의 이익보호를 위한 매매이어야 한다. 또한, 규칙 제8조에서는 회사가 시세조정을 위하여 자기주식의 매매를 하고자 하는 때에는 사전에 CBO에 통지하여야 하며, 이 통지는 자기주식의 매매를 승인한 주주총회의 결의내용을 COB에 송부하면 된다. 또한, 시세조정을 위한 자기주식의 거래를 개시한 회사는 정기적인 보고의무가 발생한다. 따라서 회사는 자기주식의 매매를 주주총회가 승인한 단계와 실제로 자기주식을 매매하였을 때, 각각 CBO에 통지하여야 한다. 아울러 규칙 제9조에서는 자기주식의 매매는 ① 직전의 시세와 역의 방향이어야 하며, ② 매매 전 일정기간(현물거래종목은 5거래일, 정기거래 종목은 30거래일)의 거래합계의 25% 이내이어야 하며, ③ 중개기관이 1인이어야 한다는 규제조건을 충족한 경우에만 적법하다고 추정하고 있다. 이것을 적용예외규정(Safe harbor rule)이라고 한다. 그러나 시세에 관한 규칙 90-04에서는 지주제도와 옵션을 통한 종업원에의 자기주식매수와 분배에 대하여는 규정하고 있지 않다. 이는 시세조정을 위한 매매는 발행회사가 시장에 개입하여 공정한 가격형성을 해할 우려가 있다는 것을 의미하기도 한다.

제4절 우리나라에서의 자기주식취득·처분 규제

Ⅰ. 자기주식의 취득규제 원칙

자기주식취득제도의 목적은 기업에 재무정책수단을 제공함과 동시에 주가급등락 시에 수급조절을 통한 주가 안정화에 기여하고, 기업의 내재가치와 주가 간의 괴리가 과도하게 발생할 경우 자기주식의 취득·처분을 통하여 주주가치 및 기업가치를 제고하고자 하는데 있다. 그런데 자기주식의 취득은 자본충실의 원칙에 반하는 등 많은 문제점이 있기 때문에 자기주식취득제도에서는 일반회사나 상장회사가 자기주식을 취득하고자 하는 경우에 거래소시장, 공개매수 신탁계약의 방법을 통하여 취득하도록 하고 있다. 이러한 제도는 일반주주의 매도참여를 보장하고 동시에 장외시장에서 특정인으로부터 취득을 방지하기 위한 제도이다. 이처럼 자기주식취득방법을 규제하는 것은 상장기업이 자기주식을 취득하는 경우 취득과정 및 취득가격의 공정성을 보장함은 물론 그 주주의 형평성을 유지하기 위한 제도이다.

또한, 취득재원을 엄격하게 제한함으로써 취득부적격 회사의 자기주식취득을 배제하고, 또한 취득신고서를 제출하도록 하여 이에 대한 공시를 하고, 또한 소정의 절차에 따라 취득하게 함으로써 취득절차의 투명성을 확보하기 위해서이다. 이처럼 상법과 자본시장통합법은 자본 공동화 방지와 공정거래질서를 유지하기 위해 자기주식을 자유롭게 취득하도록 허용하면서 공정한 거래를 위한 최소한의 규제를 부여하고 있다.

Ⅱ. 자기주식취득·처분 규제의 범위

1. 취득·처분 이사회결의

회사가 자기주식을 취득하려고 할 때에는 회사는 미리 주주총회의 결의로 ① 취득할 수 있는 주식의 종류 및 수, ② 취득가액의 총액한도, ③ 1년을 초과하지 아니하는 범위에서 자기주식을 취득할 수 있는 기간을 결정하여야 한다. 그러나 이사회의 결의로 자기주식의 취득·처분을 할 수 있다고 정관으로 정하고 있는 경우에는 이사회의 결의로써 주주총회의 결의를 갈음할 수 있다. 이사회에서 자기주식취득에 대한 결의를 할 때는 이사회는 ① 자기주식취득의 목적, ② 취득할 주식의 종류 및 수, ③ 주식 1주를 취득하는 대가로 교부할 금전 등의 내용 및 그 산정 방법, ④ 주식 취득의 대가로 교부할 금전 등의 총액, ⑤ 양도신청기간, 즉 20일 이상 60일 내의 범위에서 주식양도를 신청할 수 있는 기간, ⑥ 양도신청기간이 끝나는 날부터 1개월의 범위에서 양도의 대가로 금전 등을 교부하는 시기와 그밖에 주식 취득의 조건을 균등하게 결정하여야 한다.

한편, 상장회사의 경우에도 자기주식을 취득 또는 처분하려는 경우에는 이사회에서 ① 취득·처분의 목적, ② 취득·처분의 예정금액, ③ 취득·처분의 주식의 종류 및 수량, ④ 취득·처분하고자 하는 주식의 가격, ⑤ 취득·처분의 방법, ⑥ 취득·처분하고자 하는 기간, ⑦ 취득 후 보유하고자 하는 예상기간, ⑧ 취득·처분을 위탁할 투자중개업자의 명칭, ⑨ 그밖에 투자자 보호를 위하여 필요한 사항을 결의하도록 하고 있다. 또한, 상장회사가 신탁계약을 체결 또는 해지(일부 해지 포함)하려는 경우에도 이사회는 ① 체결·해지의 목적, ② 체결·해지의 금액, ③ 계약·해지의 일자 및 계약·해지의 기간, ④ 계약을 체결·해지하고자 하는 신탁업자의 명칭, ⑤ 그밖에 투자자 보호를 위하여 필요한 사항을 결의하여야 한다. 다만, 주식매수선택권의 행사에 따라 자기주식을 교부하는 경우와 신탁계약의 계약기간이 종료한 경우에는 이사회의 결의를 요하지 않는다.

2. 취득·처분의 방법 규제

우리나라의 2011년 4월의 개정상법에 의하면 회사는 일정한 조건과 방법에 따라 자기의 명의와 계산으로 자기의 주식을 취득할 수 있도록 하였다. 이는 원칙적으로 자기주식을 허용하되, 법에서 정한 방법에 의해서만 자기주식을 취득하도록 한 것이다. 회사가 자기주식을 취득할 수 있는 방법으로는 첫째, 거래소에서 시세(時勢)가 있는 주식의 경우에는 거래소에서 취득하는 방법, 둘째, 주식의 상환에 관한 종류주식의 경우 외에 각 주주가 가진 주식수에 따라 균등한 조건으로 취득하는 것으로서 ① 회사가 모든 주주에게 자기주식 취득의 통지 또는 공고를 하여 주식을 취득하는 방법과 ② 공개매수의 방법이며, 이러한 방법에 의해서만 자기의 명의와 자기의 계산으로 자기주식을 취득할 수 있다. 이처럼 상법이 자기주식취득에 있어 상법이 정한 취득방법에 의하도록 제한하고 있는 것은 공개적이고 평등한 주식거래를 통해 주주평등의 원칙과 불공정거래의 소지나 불공정한 회사지배를 방지하기 위한 것이다.

한편, 공개시장에서는 불특정다수인을 상대로 자기주식을 취득하게 된다. 따라서 모든 주주에게 동등한 매도기회를 제공하기 위해서 취득방법을 제한하고 있다. 이에 따라 자본시장통합법에서는 상장회사는 다른 법률에 규정한 경우를 제외하고는 해당 기업의 명의와 계산으로 자기주식을 취득할 수 있으며, 자기주식을 취득하는 경우에는 반드시 ① 증권시장에서 취득하는 방법, ② 공개매수의 방법, ③ 신탁계약에 따라 자기주식을 취득한 신탁업자로부터 신탁계약이 해지되거나 종료된 때 반환받는 방법에 의하도록 하고 있다. 다만, 신탁업자가 해당 기업의 자기주식을 취득하는 방법은 증권시장에서 취득하는 방법과 공개매수에 의한 방법에 의하는 경우만 허용하고 있다. 이처럼 상장회사가 자본시장통합법에서 규정한 방법에 따라 자기주식을 취득하는 경우에는 상법의 규정을 적용하지 아니한다.

〈표 2-4〉 자기주식취득 · 처분의 방법

구분	취득방법	처분 방법	근거법
1. 직접취득	·증권시장을 통한 매수 (호가 가격제한 등 별도 추가 규제) ·공개매수	·처분 방법에 제한이 없음. (단, 증권시장을 통해 처분을 원하는 경우 호가 가격 제한 등을 규제함)	상법(§341) 자통법 (§165의2)
2. 간접취득	·자기주식취득신탁계약해지 · 종료 시 주식반환		

3. 취득 수량의 규제

1994년 자기주식취득제도를 도입한 당시에는 상장회사가 자기주식을 취득함에 따라 발생할 수 있는 출자금 환급으로 인한 자본충실의 원칙을 해하지 않기 위해 취득 수량을 제한하였다. 즉, 구증권거래법에서는 상장회사가 자기주식을 취득할 수 있는 한도를 발행주식수의 100분의 10 이내로 규정하고 있었으나, 동법 시행령에서는 보수적인 관점에서 5%의 범위에서 회사가 자기주식을 취득하도록 제한하였다. 따라서 실제로는 5%의 범위에서 자기주식을 취득할 수 있었다. 이는 상장회사에 자기주식의 취득을 허용하게 됨에 따라 발생할 수 있는 부작용을 최소화하기 위해 공개시장에서 자기주식을 취득하는 경우 취득 수량을 규제한 것이다.

더 나아가 1998년 2월에는 25%의 의무공개매수제도가 폐지되면서 상장회사들은 적대적 M&A에 노출될 우려가 있다는 주장이 제기되었다. 즉, 당시의 상장회사의 지배주주비율이 평균 약 33% 수준에 불과하여 경영권과 적대적 M&A에 노출될 우려가 있다는 주장이 제기되기 시작하였다. 따라서 상장회사가 자기주식을 취득하고자 하는 경우에는 발행주식수의 3분의 1(10%→33.3%)까지 취득이 가능

하도록 취득 수량을 확대하였다. 이처럼 자기주식취득 수량을 대폭
완화하여 상장회사가 경영권위협에 효과적으로 대응할 수 있도록
함에 따라 자기주식취득이 보다 원활하게 되었다.

그러나 자기주식의 취득에 있어 취득재원을 제한하는 경우 취득
재원의 범위에서 취득 수량이 결정되기 때문에 취득재원을 규제하
는 한 자본충실의 원칙에 저해되지 않는다. 그 때문에 기업이 자기
주식에 대한 이용을 극대화하기 위해서는 자기주식취득제도를 완
화할 필요가 있다는 주장이 제기되면서 1998년 5월 25일에는 취득
수량에 대한 제한을 철폐하였다. 그 때문에 취득재원이 충분한 경
우에는 주가안정 등의 사유로 이론상 100%의 취득도 가능하게 되
었다.

4. 취득 재원의 규제

초기의 상법에서는 자기주식취득에 대한 재원 규제는 규정하고
있지 않았다. 이는 당시에 자기주식취득이 원칙적으로 금지되어 있
었고, 예외적으로 주식소각, 합병 및 영업양수, 회사의 권리실행목
적, 단주처리 및 주주의 매수청구권의 행사로 인한 경우에만 자기주
식의 취득이 한정적으로 허용되었기 때문이었다. 그런데 1994년 구
증권거래법에서 공개시장에서 상장회사가 자기주식을 취득할 수 있
도록 허용한 이래 자기주식취득제도가 정착되어 감에 따라 1997년
에는 자기주식취득의 범위를 확대하여 규제를 완화하면서 상장기업
의 자기주식취득은 활발해졌다. 또한, 정부는 상장회사의 자기주식
취득제도가 어느 정도 정착되어감에 따라 상장회사 중심의 자기주

식취득제도를 일반 회사에서까지 확대하기 위해 2011년 4월 14일 상법을 개정하였다. 그리고 과도한 자기주식취득은 회사의 자본 공동화와 유동성 저하를 가져와 경영안정성을 해할 수 있으므로 원칙적으로 자본의 충실화를 기하기 위해 회사가 자기주식을 취득하기 위해서는 배당가능이익이 있을 것을 요건으로 하였을 뿐만 아니라, 그 취득가액의 총액도 직전 영업연도 결산기의 배당가능이익을 초과하지 못하도록 하였다. 또한, 회사는 해당 영업연도의 결산기에 대차대조표상의 순자산액이 배당가능이익의 합계액에 미치지 못할 우려가 있는 경우에는 자기주식을 취득할 수 없도록 하였다. 그런데 회사가 배당가능이익 합계액에 미치지 못함에도 불구하고 주의의무를 다하지 아니하고 자기주식을 취득한 경우에는 이사에게 그 미치지 못한 금액에 대해 배상할 연대책임을 부과하였다. 그러나 이사가 주의의무를 다하였음을 증명한 경우에는 배상책임을 지지 않도록 하였다. 아울러 배당가능이익의 계산 방법으로는 해당 영업연도의 결산기에 대차대조표상의 순자산액으로부터 ① 자본금의 액, ② 그 결산기 말까지 이미 적립된 자본준비금과 이익준비금의 합계액, ③ 그 결산기에 적립하여야 할 이익준비금의 액, ④ 미실현이익(자산 및 부채의 평가로 증가한 순자산액으로서, 미실현손실과 상계(相計)하지 아니한 금액)을 공제하도록 하였다.

한편, 상장회사의 경우에도 자사주취득제도가 최초 도입된 1994년에는 상장회사가 자기주식을 취득하는 경우에 자기주식취득 한도금액을 이익배당 한도에서 당해 연도의 배당금과 증권관리위원회가 규정한 준비금을 공제한 금액으로 정하였다. 그러나 1997년에는 자기주식취득 한도를 이익배당가능이익에서 당해 연도 배당금과 증권관리위원회가 정한 준비금을 공제하고, 여기에 최근 사업연도 말 이후 자기주식처분금액을 가산한 금액의 범위에서 취득하도록 하였다.

한편, 금융감독체계를 통합하여 1998. 4.1 설립된 금융감독위원회는 "증권의 발행 및 공시규정"에서 상장회사가 자기주식을 취득할 수 있는 금액은 직전사업연도 말 재무제표를 기준으로 상법상 이익배당 한도액에서 직전사업연도 말 이후 발생한 자기주식의 취득·처분과 신탁계약의 체결·해지의 금액과 주주총회에서 결의된 이익배당금액 등을 가감하여 산정하도록 하였다. 또한, 이익소각을 위한 자기주식취득의 경우에는 해당 사업연도 말의 대차대조표를 기준으로 산출한 상법상 배당가능이익에서 재평가적립금, 기업발전적립금, 기업합리화 적립금, 재무구조개선 적립금 및 관련 신탁계약이 있는 경우 그 계약금을 차감하여 취득이 가능한 재원을 산정하도록 하였다. 이러한 내용은 2007년 증권관련법을 통합한 자본시장통합법에 수용되었으나. 2009년 2월 3일 개정 자본시장통합법에서는 자기주식특례와 이익소각의 특례 조항을 신설하면서 취득재원을 조정하였다. 즉, 자기주식의 취득한도금액은 상법상 이익배당한도에서 일정한 배당불능자산을 공제하고 여기에 결산기말 이후 배당가능이익을 가감(±)한 금액으로 제한하였다. 이처럼 자기주식취득 재원에 대한 규제를 강화함으로써 자기자본의 재무전략적 이용도를 높이면서도 자본공동화 현상을 최소화하기 위해 자기주식취득 재원에 대한 규제를 하고 있다.

〈표 2-5〉 자기주식취득 한도

근거법	자기주식취득 한도	
상법 (§341의2, §462①)	・배당가능이익=당해 연도 말 대차대조표 순자산액−자본금−누적자본준비금 　−누적이익준비금−그 결산기의 이익준비금−미실현이익 ＊ 순자산액=총자산−부채총계 ＊ 미실현이익: 자산 및 부채의 평가로 증가한 순자산액으로서, 미실현손실과 　상계(相計)하지 아니한 금액	
자본시장법 (§165의2) (§165의3) 증발공규정 (§5-11①,②)	・상법상 배당가능이익−배당불능이익±결산기말 이후 배당가능이익 증감분	
	구분	항목
	자기주식 취득특례 (§165의2)	・(-)직전사업연도 말 이후 상법・자본시장통합법에 의한 자기 　주식 직접취득금액 ・(-)직전사업연도 말 이후 신탁체결금액 ・(-)당기 주주총회에서 결의한 현금배당금 및 이익준비금(중간 　배당금 및 관련 이익 준비금 포함) ・(+)직전사업연도 말 이후 상법・자통법에 따라 직접 취득한 자기 　주식 중 처분금액(처분 수량에 적용할 단가는 이동평균법 적용) ・(+)직전사업연도 말 이후 신탁계약해지금액[*] ＊ 신탁계약해지금액=신탁원금×인출자기주식(취득원가)＋인출현금/ 　총 신탁재산액
		⇨ 자기주식취득금액 한도
	이익소각 의 특례 (§165의3)	・(-)재평가적립금 ・(-)기업발전적립금 ・(-)신탁계약이 있는 경우 그 계약금액 ・(-)직전사업연도 말 현재 신탁에서 보유 중인 현금[*] ＊ 신탁에서 보유 중인 현금=신탁원금×자기주식(취득원가)/총신 　탁재산액
		⇨ 소각을 위한 자기주식취득 한도

5. 취득·처분의 공시 규제

가. 주요 공시내용

상법상 회사의 자기주식의 취득·처분은 상장회사가 아닌 경우이기 때문에 수시 공시의무사항은 아니나, 회사는 자기주식의 취득·처분이 있는 경우에는 금융감독위원회에 사기주식의 취득·처분에 대한 주요 사항 보고서를 제출하여야 한다. 상법에 의하면 회사가 자기주식을 취득하는 경우에는 양도신청기간이 시작하는 날의 2주 전까지 각 주주에게 회사의 재무현황, 자기주식 보유현황과 이사회에서 결의한 사항을 서면으로 또는 전자문서로 통지하여야 하며, 회사가 무기명식의 주권을 발행한 경우에는 양도신청기간이 시작하는 날의 3주 전에 공고하여야 한다. 또한, 회사가 자기주식을 취득하는 경우 지체 없이 취득 내용을 적은 자기주식 취득내역서를 본점에 6개월간 비치하고 열람할 수 있도록 하여야 한다. 한편, 주주와 회사채권자는 영업시간 내에 언제든지 자기주식 취득내역서를 열람할 수 있으며, 회사가 정한 비용을 지급하고 그 서류의 등본이나 사본의 교부를 청구할 수 있다.

한편, 상장회사의 경우에는 자기주식취득과 처분행위는 기업정보에 해당한다고 볼 수 있기 때문에 상장회사가 자기주식을 취득하거나 처분하는 경우에 주식가격에 영향을 미칠 수 있다. 그 때문에 구 증권거래법에서는 상장회사가 자기주식의 취득 또는 처분에 관한 이사회결의 또는 대표이사, 기타 임원 또는 주요 주주의 결정이 있는 때에는 그 사실을 증권관리위원회와 증권거래소에 지체 없이 신고하도록 하고 있었다. 이처럼 자기주식취득에 대한 의사결정권자가 실질적인 결의권자인 이사회 이외에도 대표이사, 기타 임원 등에게까지 확대되어 있었기 때문에 누구의 결정으로 보느냐에 따라 보고 시기의 문제가 발생하는 등 보고상의 혼란을 가져왔다. 그러나 사실상 자기주식취득은 이사회의 결의사항이다. 그 때문에 1997년 개정 시에는 이사회에서 자기주식의 취득·처분에 관한 결의가 있는 때에 지체 없이 증권관리위원회와 증권거래소에 신고하도록 함으로써 자기주식취득 처분에 대한 의사결정권자를 이사회로 단일화시켰다. 또한, 2007년 제정된 자본시장통합법에서는 상장회사가 자기주식의 취득·처분과 신탁계약의 체결·해지를 결의한 경우에 증권관리위원회와 증권거래소에 보고토록 하고 있는 이원보고체계를 단일보고체제로 전환하여 상장회사가 금융감독위원회에 보고하면, 상장회사로부터 취득신고서를 접수한 금융감독위원회는 신고가 된 주요 사항 보고서를 지체 없이 거래소에 송부하도록 변경하였다. 또한, 상장회사는 자기주식의 취득·처분이 완료되었거나 취득·처분이 만료된 때에는 그날로부터 5일 이내에 그 결과보고서를 금융감독위원회에 제출하도록 하였다.

그런데 자기주식취득에 관한 사항은 회사의 중요 사항으로 중요 정보에 해당된다. 그 때문에 거래소 공시업무에 관한 규정에서는 상장회사가 자기주식의 취득·처분과 신탁계약 등의 체결·해지·연장, 그리고 신탁계약 등의 체결을 통해 취득한 자기주식을 유가증권시장이나 코스닥시장 외에서 처분한다는 이사회 결의가 있는 때에는 그 사실 또는 결정 내용을 그 사유 발생일 당일에 거래소에 신고하도록 하고 있다. 반면, 거래소는 특정 상장회사에 대하여 자기주식의 취득 또는 처분 사항에 관하여 풍문 및 보도가 있거나 풍문 등이 없더라도 유가증권시장에서 상장회사가 발행한 주권 등의 가격 또는 거래량이 거래소가 따로 정하는 기준에 해당하는 경우에는 해당 상장회사에 대하여 자기주식의 취득 또는 처분 사항의 유무에 대한 조회공시를 요구할 수 있다.

<표 2-6> 자기주식의 취득·처분의 공시

구분	제출사유	공시	제출기관	제출기한	근거규정
직접 취득	자기주식 취득 (처분) 결정	자기주식취득 (처분)결정	한국거래소	이사회결의일 당일	유가증권시장공시규정§6 코스닥시장공시규정§6
		주요사항 결정	금융위원회	이사회결의일 익일까지	자본시장통합법§161①
	취득완료 또는 기간만료	자기주식취득(처분) 결과보고서	금융위원회	취득 완료 또는 기간 만료된 때에는 그날부터 5일 이내	증발공규정§5-8
신탁 계약	신탁계약 체결결정	자기주식취득 신탁계약체결결정	한국거래소	이사회결의일 당일	유가증권시장공시규정§7 코스닥시장공시규정§6
		주요사항 결정	금융위원회	이사회결의일 익일까지	자본시장통합법§161①
	신탁계약 연장결정	자기주식취득 신탁계약연장결정	한국거래소	이사회결의일 당일	유가증권시장공시규정§7 코스닥시장공시규정§6
		(정정)주요 사항 보고서	금융위원회	이사회결의일 익일까지	자본시장통합법§161①
	신탁계약 해지결정	자기주식취득 신탁계약해지결정	한국거래소	이사회결의일 당일· 계약기간 만료일	유가증권시장공시규정§7 코스닥시장공시규정§6
		주요 사항 보고서	금융위원회	이사회결의일 익일까지 계약기간 만료일 익일	자본시장통합법§161①
		신탁계약해지 결과보고서	금융위원회	신탁계약해지 또는 종료일로부터 5일 이내	증발공규정§5-10
	중간결과 보고	신탁계약에 의한 취득상황 보고서	금융위원회	신탁계약체결한 후 3월이 경과한 날로부터 5일 이내	

주 1) 상법에 의한 취득·처분: 주요 사항 보고서만 제출(자기주식취득(처분)결정 및 자기주식취득(처분) 결과보고서는 제출의무가 없음.
  2) 임직원 상여금 지급 또는 스톡옵션 행사에 따라 자기주식을 교부하는 경우는 처분결과보고서 생략.

나. 공시위반에 대한 조치

거래소는 상장회사가 공시불이행을 하거나, 공시번복을 하거나 공시변경을 한 경우에는 불성실공시법인으로 지정하고, 불성실공시

법인에 대하여는 벌점을 부과하는 이외에 1억 원 이내에서 공시위
반제재금을 부과할 수 있다. 이때 상장회사는 공시위반제재금의 부
과통지일로부터 1월 이내에 납부하여야 한다. 또한, 거래소는 산정
한 부과금액을 심의위원회의 심의를 거쳐 가중 또는 감경할 수 있
다. 그러나 가중 또는 감경의 범위는 산정한 부과금액의 1/2을 초과
할 수 없다.

여기에서 불성실법인이라 함은 상장회사가 ① 공시사항을 해당
신고기한까지 공시하지 아니한 경우, ② 공시사항을 거짓으로 또는
잘못 공시하거나 중요 사항을 기재하지 아니하고 공시한 경우, ③ 공
시유보사유 해소에도 불구하고 유보내용을 공시하지 않는 경우, ④ 거
래소의 정정요구에도 불구하고 해당 정정시한까지 공시내용을 정정
하여 공시하지 아니한 경우를 말한다. 또한, 공시번복이란 상장회사
가 자기주식의 취득·처분, 신탁계약체결을 통해 취득한 자기주식의
유가증권시장 외에서의 처분에 관한 내용의 전면취소, 부인 또는 이
에 준하는 내용을 공시한 경우를 말한다. 그리고 공시변경이란 상장
회사가 자기주식의 취득·처분과 신탁계약 등의 체결·해지·연장,
그리고 신탁계약을 통해 취득한 자기주식의 유가증권시장 외에서의
처분에 관한 공시내용 중 자기주식의 취득·처분의 예정기간 내에
취득·처분하고자 신고한 주식수 미만의 매매거래주문을 한 경우를
말한다.

이와 같이 불성실공시법인으로 지정되는 경우 제재금의 부과와
관련하여 부과기준, 부과금액, 벌점과 제재금의 병과 또는 선택 부
과 등은 다음과 같다.

〈표 2-7〉 공시위반제재금 부과기준

부과기준과 벌점	제재금
1. 고의, 중과실 또는 상습적으로 공시의무를 위반하여 공익과 투자자보호에 중대한 영향을 미치는 경우	500만 원
2. 부과벌점: 5점 미만	200만 원의 부과금액

6. 초과취득의 보유 규제

개정 전의 상법은 회사가 주식을 소각하기 위해 자기주식을 취득한 경우에는 지체 없이 주식실효의 절차를 밟아야 하며 합병 또는 영업양수도, 권리실행목적, 단주처리목적 취득, 주식매수청구권 행사와 질취로 인해 취득한 자기주식의 경우에는 상당한 시기에 주식 또는 질권의 처분을 하도록 하고 있었다. 그러나 2011년 4월 개정 상법에 의하면 회사가 보유하는 자기주식을 처분하는 경우에는 ① 처분할 주식의 종류와 수량, ② 처분할 주식의 처분가액과 납입기일, ③ 주식을 처분할 상대방 및 처분 방법 등의 사항으로 정관에 규정이 없는 것은 이사회가 결정하도록 함으로써 특수목적에 의한 자기주식취득의 경우 그 처분을 이사회에 위임하였다.

한편, 상장회사의 경우는 자기주식을 초과 취득한 경우 초과취득분은 처분하도록 하고 있다. 1994년 4월 개정된 구증권거래법은 자기주식취득 이후 발행주식총수 또는 이익배당한도 등의 감소로 인해 취득 한도를 초과하는 경우에는 초과분을 1年 이내에 유가증권시장을 통하여 처분하도록 하고 있었다. 그러나 1997년 3월 이를 개정하여 자기주식취득 한도를 초과한 경우에는 한도를 초과한 날로부터 5일 이내 초과내역과 처분계획을 감독원에 보고하고 초과분을

3년 이내에 처분하도록 함으로써 초과분의 처분기간을 1년에서 3년으로 연장하였다. 그러나 이때는 자기주식취득 초과분에 대한 처분요건이 이익배당가능이익의 감소라는 사유를 명시하고 있었으나, 이익배당가능이익의 계산기준이 명확하지 않았다. 그래서 증권관계법을 통합하여 제정된 자본시장통합법에서는 직전사업연도 이후 신규 도래한 사업연도 결산 결과 배당가능이익이 축소되어 자기주식 한도를 초과하여 자기주식을 보유하게 되는 경우에는 3년 이내에 초과분을 처분하도록 규정함으로써 이익배당가능이익의 인식기준과 계산근거 기준을 마련하였다.

7. 취득 · 처분의 기간 제한

상법에 의하면 회사는 주식을 소각하기 위해 자기주식을 취득한 경우에는 지체 없이 주식실효의 절차를 밟아야 하며 합병 또는 영업양수도, 권리실행의 목적, 단주처리목적의 취득, 주식매수청구권 행사와 질취로 인해 취득한 자기주식의 경우에는 상당한 시기에 주식 또는 질권의 처분을 하여야 한다. 그러나 2011년 4월 개정 상법에서는 회사가 보유하는 자기의 주식을 처분하는 경우에 ① 처분할 주식의 종류와 수, ② 처분할 주식의 처분가액과 납입기일, ③ 주식을 처분할 상대방 및 처분 방법 등을 이사회가 결정한다.

한편, 상장회사의 경우에는 자기주식의 취득 · 처분기간이 지나치게 장기간이라면 투자자의 예측 가능성이 줄어들고, 회사의 임의성이 커지는 등 공정한 취득 · 처분의 행위를 기대할 수 없으므로, 투자자의 예측 가능성을 제고하고 회사의 임의성을 방지하기 위해 자기주식의 취득 및 처분기간을 엄격히 제한하고 있다. 또한, 자기주식의 취득·처분 또는 신탁계약의 체결·해지 등으로 인한 인위적인 시장가격의 왜곡 또는 미공개 정보를 이용한 매매거래를 방지하기 위해 자기주식의 취득 및 처분의 가능기간을 엄격히 제한하고 있다. 즉, 상장회사가 자기주식을 취득·처분하고자 하는 경우, 자기주식을 취득 또는 처분할 수 있는 기간은 취득공시 후 익일부터 3개월 이내(즉, 신고서 제출 후 3일이 경과한 날로부터 3월 이내)이며, 처분기간은 처분공시 익일부터 3개월 이내로 하고 있다. 그러나 신탁에 의한 취득의 경우에는 신탁계약기간 내에 취득하여야 하나, 처분기간은 규정하고 있지 않다.

〈표 2-8〉 자기주식의 취득·처분 기간 제한

구분	취득기간	처분기간
직접취득	: 취득공시 익일부터 3개월 이내 * 공개매수 시 공개매수기간 준수	: 처분공시 익일부터 3개월 이내
신탁분	: 신탁계약 기간 내 매매 가능	: 처분에 대한 기간제한 없음.
주식소각	: 취득공시 익일부터 3개월 이내	: 처분공시 익일부터 3개월 이내

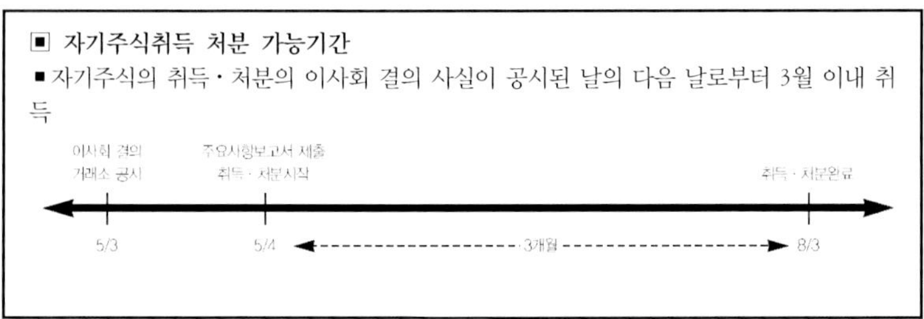

8. 취득·처분의 금지기간

상장회사가 빈번한 자기주식취득·처분으로 인한 주가 왜곡 및 불공
정거래의 예방을 위해 일정기간이 경과하기 전까지는 기존에 취득·처
분한 주식을 처분·취득하지 못한다. 이처럼 상장회사에 대하여 자
기주식의 취득·처분에 대한 금지기간을 두는 이유는 공정한 가격
산정, 공시변경에 따른 혼란을 방지하고, 공정한 거래형성을 유지하
기 위해서이다.

상장회사의 자기주식의 취득·처분 또는 신탁계약의 체결·해지
가 금지되는 기간은 ① 다른 법인과의 합병에 관한 이사회 결의일부
터 과거 1개월간, ② 유상증자의 신주배정에 관한 기준일(일반 공모
증자의 경우에는 청약일) 1개월 전부터 청약일까지의 기간, ③ 준비
금의 자본전입에 관한 이사회 결의일부터 신주배정 기준일까지의
기간, ④ 시장조성을 할 기간, ⑤ 미공개 중요 정보가 있는 경우 그
정보가 공개되기 전까지의 기간, ⑥ 자기주식의 처분(신탁계약의 해
지를 포함한다) 후 3개월간 또는 자기주식의 취득(신탁계약의 체결
을 포함한다) 후 6개월간이며, 이 기간에는 자사주를 취득하거나 처
분할 수 없다. 단, 임직원의 상여금 교부나, 주식매수선택권의 행사
에 따른 교부의 경우, 또 위원회가 정한 이에 준한 경우에는 예외로
자기주식의 취득·처분과 신탁계약의 체결 또는 해지가 가능하다.

<표 2-9> 자기주식의 취득·처분 금지기간

금지사유	취득·처분 금지기간	근거법규
공정한 가격 산정을 위해	· 합병 이사회 결의일부터 과거 1개월간 · 유상증자 신주배정기준일(일반 공모 청약일) 1개월 전부터 청약일까지의 기간	
공시의 변경 초래 우려	· 준비금의 자본전입 이사회 결의일부터 신주배정 기준일까지의 기간	
공정한 거래 형성을 위해	· 제205조 제1항 제5호에 따른 시장조성을 할 기간 · 법 제174조제1항에 따른 미공개 중요 정보가 있는 경우 그 정보가 공개되기 전까지의 기간	
주가왜곡방지를 위해	· 처분(신탁계약 해지) 후 3개월간 또는 취득(신탁계약 체결) 후 6개월간 * 주의사항: 직접 취득·처분⇔신탁 취득·처분은 따로 적용함. ▶ 신탁 취득·처분의 경우는 취득한 후 1개월 이내에 처분 또는 처분한 후 1개월 이내에 취득	
▶ 금지기간 적용예외	가. 임직원에 대한 상여금으로 자기주식을 교부하는 경우 나. 주식매수선택권의 행사에 따라 자기주식을 교부하는 경우 다. 공개시장 취득방법에 따라 한도를 초과하는 자기주식을 처분하는 경우 라. 임직원에 대한 퇴직금·공로금 또는 장려금 등으로 자기주식을 지급 (근로복지기본법에 따른 사내근로복지기금에 출연하는 경우를 포함) 마. 「근로복지기본법」 제2조제4호에 따른 우리사주조합에 처분하는 경우 바. 법령 또는 채무이행 등에 따라 불가피하게 자기주식을 처분하는 경우 사. 「공기업의 경영구조개선 및 민영화에 관한 법률」의 적용을 받는 기업이 민영화를 위하여 그 기업의 주식과의 교환을 청구할 수 있는 교환사채권을 발행하는 경우 아. 국가 또는 「예금자보호법」에 따른 예금보험공사로부터 자기주식을 취득한 기업이 그 주식과 교환을 청구할 수 있는 교환사채권을 발행하는 경우(자목의 경우는 제외한다). 이 경우 교환의 대상이 되는 자기주식의 취득일부터 6개월이 지난 후에 교환을 청구할 수 있는 교환사채권만 해당한다. 자. 아목에 따른 기업이 교환사채권을 해외에서 발행하는 경우로서 자기주식을 갈음하여 발행하는 증권예탁증권과 교환을 청구할 수 있는 교환사채권을 발행하는 경우 차. 자기주식의 취득일부터 금융위원회가 정하여 고시하는 기간이 경과한 후 자기주식을 기초로 하는 증권예탁증권을 해외에서 발행하기 위하여 자기주식을 처분하는 경우 카. 법 제165조의2 제2항 제3호에 따라 신탁계약을 해지하여 자기주식을 취 득하는 경우	자통법시행령 §106⑤, §176의2②

Ⅲ. 유가증권시장에서의 자기주식의 취득규제

유가증권시장에서 자기주식을 매매하는 경우, 주가 및 경영권의 안정 등의 목적으로 주가를 인위적으로 조작할 위험이 상존하므로 시세조정이나 내부자거래 등 불공정거래에 이용될 수 있는 가능성을 사전에 예방하기 위해 자기주식의 매매 방법을 규제하고 있다. 즉, 상장회사가 유가증권시장에서 자기주식을 취득하는 경우, 한편으로는 취득과정 및 취득가격의 공정성을 보장하여 주주의 형평성을 유지하고, 다른 한편으로는 불공정거래 행위 등에 의한 증권시상에 미치는 부정적인 영향을 극소화하기 위하여 거래소에서는 상장회사의 자기주식매매에 대한 별도의 관리방안을 마련하여 운용하고 있다.

1. 자기주식의 취득 및 처분절차

자기주식은 공개시장에서 매매를 통하여 취득하거나, 장외에서 공개매수의 방법으로 취득할 수 있다. 또한, 신탁계약 등을 통한 간접취득도 가능하다. 이 경우 직접취득을 하거나 간접취득을 하거나 취득방법에 대한 규제원칙은 동일하게 적용되고 있다.

그러나 자기주식의 처분 방법에 대하여는 제한을 하고 있지 않으므로 장외에서의 직접 매도 또는 임직원에의 증여에 의한 처분이 가능하다. 다만, 유가증권시장에서의 처분의 경우에는 취득할 때와 동일하게 호가제한 등 별도로 추가 규제를 받게 된다. 이처럼 상장회사는 자기주식을 취득 또는 처분하고자 하는 경우에는 <그림 2-1>과 같은 설차에 의해서 행하여진다.

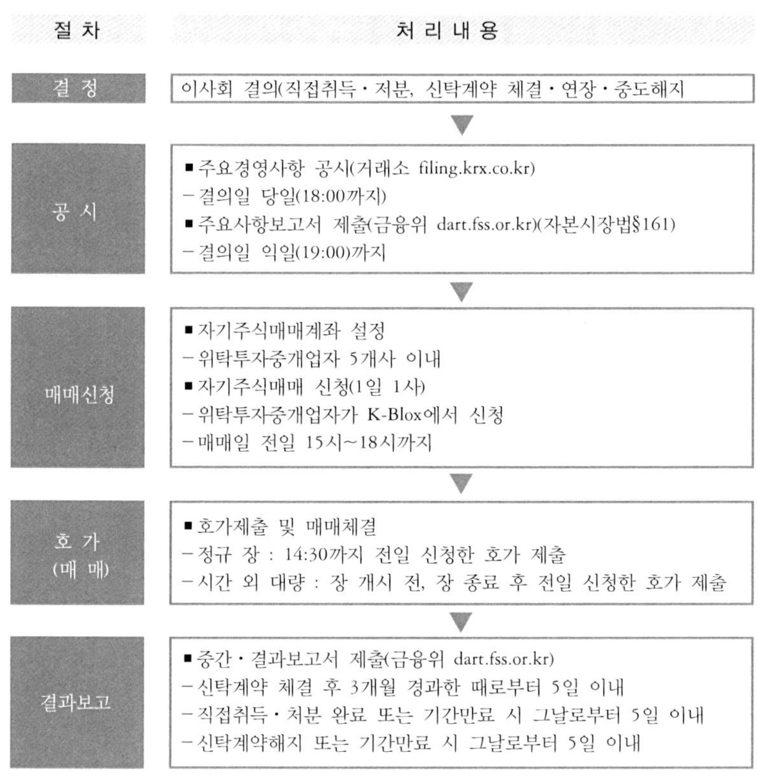

자료: 한국거래소, 자기주식매매 및 대량매매실무.

〈그림 2-1〉 자기주식의 취득·처분의 절차도

2. 자기주식의 주문절차의 규제

회원은 상장회사로부터 자기주식매매거래의 위탁을 받아 이를 처리하고자 하는 경우에는 위탁에 앞서 상장회사와 사전에 "자기주식매매거래계좌"를 별도로 설정하여야 하며, 동 계좌에서는 자기주식이외의 종목에 대한 매매거래의 위탁을 받을 수 없다. 또한, 회원은 금전의 신탁계약에 따라 상장회사의 자기주식을 취득하는 신탁업자로부터 자기주식매매거래의 위탁을 받아 이를 처리하고자 할 때에도 신탁업자와 사전에 신탁재산의 펀드별로 별도의 "자기주식신탁매매거래계좌"를 설정하여야 하며, 동 계좌를 통해서는 신탁업자와 금전의 신탁계약을 체결한 당해 상장회사의 자기주식 외에 다른 종목의 매매거래의 위탁을 받을 수 없다. 그 때문에 회원이 당해 상장회사로부터 자기주식 외의 종목에 대하여 매매거래의 위탁을 받아 이를 처리하고자 할 때에는 별도의 계좌를 통해 매매하여야 한다.

가. 자기주식매매신청서 제출

상장회사가 자기주식을 유가증권시장에서 취득하고자 하는 경우에는 자기주식을 매매하기 전에 그 종목과 수량을 회원인 특정 증권회사에 위탁하고, 이를 신탁한 회원은 자기주식매매신청서를 거래소에 제출하여야 한다. 이때 자기주식매매신청서는 호가 전일의 매매거래 종료 후 16:00시까지 거래소에 제출하여야 하나, 후장이 없는 경우에는 13:00시까지 신청서를 제출하며, 이때 증권회사가 제출한 신청서는 제출한 익일에 한하여 효력이 있다. 한편, 자기주식매매를 위탁받은 회원은 자기주식의 취득·처분 전일의 정규시장 종료 후 (15:00)부터 18:00시까지 K-Blox 시스템을 통해 자기주식매매신청서를 입력하여야 한다. 그리고 상장회사가 자기주식의 매매를 위한 계좌를 개설하고자 하는 위탁증권회사는 5개사 이내로 지정하고, 상장회사가 자기주식매매를 위탁하는 경우, 실제 매수·매도주문은 1일 중에는 1개 증권회사에만 위탁할 수 있고, 1개 증권회사에는 1개의 자기주식매매거래계좌만을 설정할 수 있다.

3. 호가 방법의 규제

가. 호가 가격의 범위

회원은 상장회사로부터 자기주식매매거래를 위탁받은 때에는 다음 각 호의 어느 하나의 가격으로 호가를 하여야 한다. 첫째, 장 개시 전에 호가는 ① 매수의 경우에는 당해 종목의 전일 종가와 전일 종가를 기준으로 5% 높은 가격범위 이내의 가격, ② 매도의 경우에는 당해 종목의 전일 종가와 전일 종가보다 2호가 가격단위 낮은 가격범위 이내의 가격으로 호가한다. 둘째, 매매거래시간 중의 호가는 당해 종목의 직전의 가격과 최우선 매도호가의 가격 중 낮은 가격과 그 가격으로부터 10호가 가격단위 높은 가격 이내의 가격으로 호가 한다. 이때 장 개시 전에 제출된 호가가 체결되지 않은 경우에는 정규시장의 매매거래시간 중에 호가할 수 있는 호가범위까지 호가를 정정할 수 있다. 그러나 회원은 자기주식매매를 위한 호가를 매매거래시간 중에는 할 수 있으나, 장 종료 30분 전 이후에는 호가를 행할 수 없다.

〈표 2-10〉 자기주식의 취득·처분 호가 가격의 범위

호가시간	매수의 경우	매도의 경우
1. 장 개시 전의 호가	· 전일 종가와 전일 종가를 기준으로 5% 높은 가격 범위 이내의 가격	· 전일 종가와 전일 종가보다 2호가 가격 단위 중 낮은 가격 범위 이내의 가격
2. 매매거래시간 중의 호가	· 당일 중 당해 호가의 접수직전까지의 최고가격과 최우선 매수호가의 가격 중 높은 가격과 높은 가격으로부터 10호가 가격 단위 낮은 가격 이내의 가격	· 당해 종목의 직전의 가격과 최우선 매도호가의 가격 중 낮은 가격과 그 가격으로부터 10호가 가격 단위 높은 가격 이내
3. 장 종료 30분 전 이후	· 호가를 할 수 없음.	

또한, 시장상황급변 등으로 투자자보호와 시장안정을 유지하기
위하여 거래소가 금융감독위원회의 승인을 받은 경우에는 회원이
정규시장의 호가접수시간 중에 상장회사로부터 자기주식의 매수위
탁을 받아 호가할 수 있으며, 이 경우의 호가 가격은 ① 장 개시 전
에 호가하는 경우에는 당해 종목의 전일 종가와 전일 종가를 기준으
로 5% 높은 가격 범위 이내의 가격, ② 매매거래시간 중에 호가하
는 경우에는 신규호가 및 정정호가 모두 당해 종목에 대하여 당일
중 당해 호가의 접수 직전까지의 최고가격과 최우선 매수호가의 가
격 중 높은 가격을 상한으로 하고 직전의 가격과 최우선 매수호가의
가격 중 높은 가격으로부터 10호가 가격 단위 낮은 가격을 하한으로
하는 범위 이내의 가격으로 호가할 수 있다.

<표 2-11> 위원회 승인을 받은 자기주식취득의 매수호가 가격의 범위

호가	매수의 경우
1. 장 개시 전의 호가	·당해 종목의 전일 종가와 전일 종가를 기준으로 5% 높은 가격범위 이내의 가격
2. 매매거래시간 중의 호가	·신규호가 및 정정호가 모두 당해 종목에 대하여 당일 중 당해 호가의 접수 직전까지의 최고가격과 최우선 매수호가의 가격 중 높은 가격과 그 높은 가격으로부터 10호가 가격 단위 낮은 가격의 범위 이내의 가격
3. 장 종료 30분 전 이후	·호가를 할 수 없음·

나. 호가 수량의 규제

상장회사가 자기주식을 취득·처분하기 위해서 대량의 주문을 위
탁하는 경우 시세가 급변하여 시장이 불안정할 수 있다. 따라서 거
래소는 대량매수주문으로 인한 시세의 급변을 사전에 예방하고 시
장안정유지를 위하여 1일 중의 호가 수량을 제한하고 있다. 즉, 거래

소는 상장법인이 거래소시장에서의 자기주식의 취득·처분을 위하여 회원인 증권회사에 주문을 위탁하는 경우, 호가 수량은 ① 주권상장법인이 자기주식취득·처분을 위하여 금융위원회에 신고한 취득·처분의 예정 주식수의 100분의 10에 해당하는 수량과 ② 주권상장법인이 자기주식의 취득·처분을 위하여 이사회에서 결의한 날의 전일을 기산일로 하여 소급한 1개월간의 일평균거래량의 100분의 25에 해당하는 수량 중 많은 수량 이내로 하고 있다. 그러나 자기주식의 취득 수량이 발행주식총수의 100분의 1에 해당하는 수량을 초과하는 경우의 호가 수량은 발행주식총수의 100분의 1에 해당하는 수량 이내로 한다.

한편, 회원이 신탁업자로부터 자기주식매매거래에 해당하는 매매거래의 위탁을 받은 경우의 호가 수량은 발행주식총수의 100분의 1에 해당하는 수량 이내로 하되, 이때의 호가 수량은 당해 호가 수량에 호가의 가격을 곱한 금액이 당해 신탁재산의 총액을 초과하지 아니하는 범위 이내의 수량으로 한다.

〈표 2-12〉 자기주식의 취득·처분의 호가 수량 범위

구분	일반매매거래	신탁계약에 의한 매매거래	특례매매거래
호가 수량	·[①②수량 중 많은 수량과 발행주식총수의 1%] 중 적은 수량 ① 취득·처분신고 주식수의 10%의 수량 ② 이사회결의일 전 1개월간 일평균거래 량의 25%의 수량	·발행주식총수의 1%의 수량 이내 ·신탁재산총액을 초과하지 않는 범위 이내	·취득신고 주식수 범위 내

4. 시간 외 대량매매를 통한 자기주식매매

시간 외 대량매매란 시간 외 시장의 호가접수시간 동안 종목, 수량 및 가격이 동일한 매도호가 및 매수호가로 회원이 매매거래를 성립시키고자 거래소에 신청하는 경우 사전에 신고한 당해 종목의 매매를 성립시키는 것을 말한다. 그러나 이처럼 시간 외 대량매매는 특정한 경우로 제한되어 있다. 예를 들면, 공기업의 민영화를 위한 지원대책의 하나로 민영화를 효율적으로 지원하기 위해 상장회사가 정부 등으로부터 자기주식을 취득하는 경우와 정부가 지도·권고 등을 하고 금융감독위원회가 승인한 경우[16]에는 시간 외 대량매매를 이용할 수 있도록 허용하고 있다. 그러나 이 경우에도 장 개시 전 시간 외 시장에서의 매매는 제외한다. 회원이 이들 법인으로부터 자기주식매매를 위탁받아 시간 외 대량매매를 하고자 하는 경우에는 자기주식매매신청서를 호가하는 날의 직전 매매거래일 장 종료 후부터 18시까지 거래소에 제출하여야 한다. 그리고 회원은 상장회사로부터 자기주식의 매도를 위한 매매거래를 위탁받은 경우 매도호가는 ① 당일 종가(장 개시 전 시간 외 시장의 경우는 전일 종가)를 기준으로 5% 높은 가격과 5% 낮은 가격 이내의 가격으로 하며, ② 당일의 상한가와 하한가 이내의 가격으로 한다.

---

16) 회원은 첫째, 정부, 한국은행, 예금보험공사, 한국산업은행, 중소기업은행, 한국수출입은행 및 정부가 납입자본금의 100분의 50 이상을 출자한 법인 가운데 자기주식을 매수하고자 하는 상장회사로부터 매매거래를 위탁받은 경우, 둘째, 정부가 상장회사의 자기주식매수와 관련하여 공정경쟁 촉진, 공기업 민영화 등 정책목적 달성을 위하여 허가·승인·인가 또는 문서에 의한 지도·권고를 하고 금융위원회에 요청한 경우로서 금융위원회가 투자자 보호에 문제가 없다고 인정하여 승인한 상장회사로부터 자기주식의 매수를 위한 매매거래를 위탁받은 경우, 셋째, 시간 외 대량매매에 의한 방법으로 자기주식을 매도하고자 하는 상장회사로부터 매매거래를 위탁받은 경우에는 시간 외 대량매매의 방법으로 매매할 수 있다(유－업무§39)(코－업무§10).

<표 2-13> 시간 외 대량매매의 호가 가격과 호가 수량 범위

호가 수량	매도의 경우
1. 호가 가격	·종가로부터 2호가 가격단위 낮은 가격범위 이내 * 시간 외 대량매매 방법에 의한 취득은 불가능
2. 1일 호가 수량	·당일 종가(장 개시 전 시간 외 시장의 경우는 전일 종가)를 기준으로 5% 높은 가격과 5% 낮은 가격 ·당일의 상한가와 하한가 이내의 가격으로 한다.

3장

자기주식취득의 동기 및 이용전략

제1절 자기주식취득의 신고 및 체결현황

Ⅰ. 자기주식 직접취득 신고현황

자기주식취득의 허용으로 자기주식이 기업의 재무전략 차원에서 다양한 목적으로 이용되면서 자기주식이 다양한 취득방법을 통해 취득되고 있다. <표 3-1>에서 보는 바와 같이 2005년에서 2011년까지 분석기간 중에 유가증권시장에서 자기주식을 직접 취득하기로 결정한 회사의 수는 371개사로 총 515건의 자기주식취득신고서를 감독당국에 제출하였다. 그리고 기간 동안에 자기주식취득을 신고한 수량은 보통주가 약 5억 8,800만 주에 취득금액은 23조 9,576억 원이다. 그리고 우선주는 1,048만 주에 5억 9,136만 원에 이른다. 특히 2008년에는 76개사가 111건의 자기주식취득신고서를 제출하여 1억 3,375만 주의 자기주식을 매입한다고 신고하였는데 그 매입대금은 3조 6,629억 원에 이른다.

〈표 3-1〉 유가증권시장에서의 자기주식 직접취득 공시현황

(단위: 사, 건, 천 주, 억 원)

구분	회사 수	보통주			우선주			계		
		건수	주식수	금액	건수	주식수	금액	건수	주식수	금액
2005	52	61	74,872	4,082,2	11	4,550	1,494	72	79,422	42,317
2006	56	74	117,120	5,857,1	5	730	2,072	79	117,850	60,643
2007	65	87	100,032	5,433,2	4	890	2,018	91	100,923	56,350
2008	76	111	131,197	3,647,5	3	2,560	155	114	133,757	36,630
2009	32	34	32,206	1,173,8	3	1,650	147	37	33,856	11,884
2010	44	62	41,145	1,726,2	1	100	28	63	41,245	17,291
2011	46	59	91,542	2,037,6	0	0	0	59	91,542	20,375
계	371	488	588,114	239,576	27	10,480	5,914	515	598,594	245,490

자료: 증권거래소 내부자료 및 증권감독원 전자공시시스템 사업보고서.

그런데 자기주식의 취득은 보통주를 중심(97.6%)으로 이루어지고 있으며, 우선주에 대한 자기주식취득 사례는 매우 적은(2.4%) 것으로 나타났다. 이처럼 보통주를 중심으로 자기주식취득이 활발하게 이루어지고 있는 것은 재무전략 차원에서뿐만 아니라 경영권보호 또는 M&A의 방어문제를 동시에 해결할 수 있기 때문이라고 본다.

Ⅱ. 신고 자기주식 직접취득현황

본 연구의 분석대상 기간인 2005년부터 2011년 사이에 상장회사가 자기주식취득 신고를 한 기업이 신고한 자기주식을 유가증권시장에서 취득한 현황을 보면 <표 3-2>에서 보는 바와 같이 361개사가 기간 중 총 5억 5,126만 주의 직접매입신고를 하고 이 중 5억 2,494만 주를 취득하였다. 따라서 유가증권시장에서의 자기주식취득

비율은 95.23%에 해당하며, 취득금액은 25조 1,740억 원이다.

　한편, 기업이 자기주식취득신고서를 제출한 이후 자기주식을 취득한 비율과 매매체결률을 보면 92.4%와 99.6%를 나타내고 있어 상장회사가 신고한 신고 수량이 거의 체결되고 있는 것으로 나타났다. 이러한 통계결과는 신고연도를 중심으로 신고주식수의 체결 수량과 체결률을 정리한 것이다.

〈표 3-2〉 유가증권시장에서 자기주식 직접취득현황

구분	회사 수 (수)	신고건수 (건)	신고수량 (천 주)	체결수량 (천 주)	체결률 (%)	제설금액 (억 원)
2005	48	69	58,904	57,957	98.39%	42,650
2006	54	77	107,568	97,092	90.26%	61,943
2007	64	91	87,576	85,572	97.71%	5,987
2008	76	113	133,488	123,304	92.37%	37.951
2009	31	37	33,710	33710	100%	11,850
2010	42	61	38,830	38,690	99.64%	16,737
2011	46	59	91,180	88,623	97.20%	21,222
계	361	507	551,257	524,948	95.23%	251,740

자료: 거래소 내부자료.

Ⅲ. 국내기업의 자기주식 매입추이

　앞에서의 체결 수량은 유가증권시장에서 자기주식취득신고서를 제출한 신고 수량의 매매체결 수량을 표시한 것이다. 즉, 이는 본 연구에서의 분석기간 중의 신고일자를 중심으로 신고주식의 체결 수량을 징리한 깃이다. 그러나 체결일을 기준으로 하여 국내기업이 여도별로 자기주식을 취득한 결과를 정리한 것이 <그림 3-1>이다. 표에서 보는 바와 같이 자기주식의 취득·처분이 허용되면서 자기주식의 취득·처분제도는 공개시장에서 자기주식의 거래가 활발하게 이루어질 수 있는 기틀을 마련하였다. 그리고 회사는 한편으로는 잉여현금흐름(free cash flow)의 주주환원수단으로서의 현금배당과 투자대상으로서의 자기주식의 매입이라는 재무전략 수단으로 활용하였고, 다른 한편으로는 회사가 양질의 수익원과 현금흐름을 확보하고 있음을 투자자에게 알리는 전략수단으로 활용하였다.

이처럼 1994년 자기주식의 취득·처분 제도가 처음 우리나라에 도입되어 회사의 자기주식취득과 처분활동이 활발하게 진행되면서 자기주식취득 수량은 계속 상승세를 이어가고 있었다. 그러나 2007년 미국으로부터 시작된 서브-프라임 모기지(sub-prime mortgage) 사건으로 인해 나타난 금융위기는 실물경제에까지 영향을 미치면서 경영활동에 있어 자금조달에 어려움을 느낀 회사들이 내부유보현금을 늘

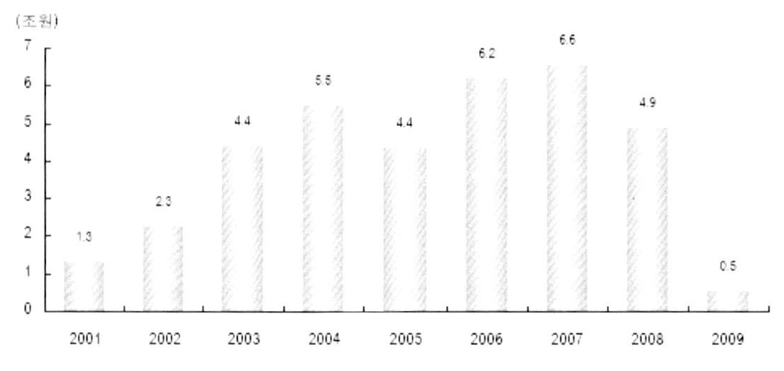

자료: KRX, NH투자증권, 2009. p.2.

〈그림 3-1〉 국내기업의 자기주식 매입추이

리는 보수적인 입장으로 선회하기 시작하면서 자기주식취득금액은 2001년 1.3조 원에서 2007년 6.6조 원까지 증가세를 보이다가 2008년에 들어 4.9조 원으로 감소하였으며 2009에는 0.5조 원으로 감소하였다.

Ⅳ. 미국기업의 자기주식 매입추이

이처럼 자기주식취득의 매입감소는 한국뿐만 아니라 미국기업에서 도 동일한 현상을 보이고 있다. <그림 3-2>에서 보는 바와 같이 미 국기업이 2009년 1분기 자기주식 매입은 308억 달러를 기록해 전년 동기의 1,139억 달러에 비해 73%가 감소하였다. 이는 우리나라와 마 찬가지로 2008년 세계금융위기에 따른 기업들의 자금조달의 어려움 을 나타내고 있는 것이라고 볼 수 있다. 즉, 미국기업에서도 기업들

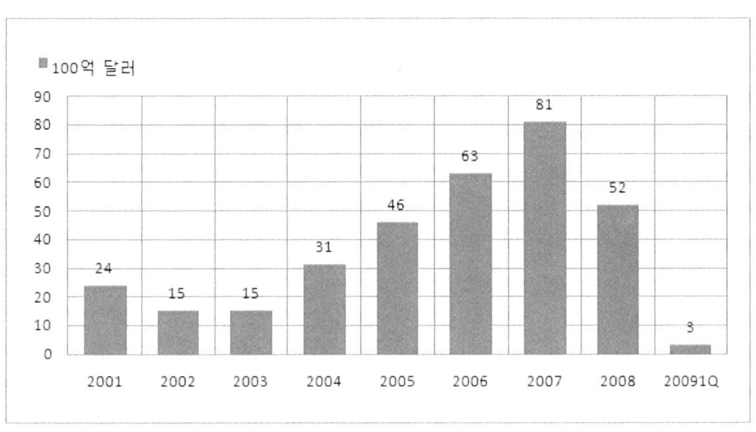

자료. NYSE, NH투자증권, 2009. p 2

〈그림 3-2〉 미국기업의 자기주식 매입추이

이 현금보유를 늘리는 보수적인 입장으로 선회하여 보수적 경영을 하고 있다. 그러나 자기주식 매입은 적대적 인수합병에 대한 방어 수단이나 주식매수선택권의 행사를 위한 수단으로 활용되고 있는 반면 상대적으로 주가부양을 목적으로 하는 자기주식의 매입은 매우 신중한 자세를 보이고 있다. 그 이유는 현금유동성은 풍부한데 마땅히 투자기회가 없어 자기주식을 매입하는 것으로 투자자들에게 오해를 받게 되는 경우 주가는 오히려 하락할 우려가 있기 때문이다.

제2절 자기주식취득의 동기

Ⅰ. 우리나라의 자기주식취득 동기

회사가 자기주식을 매수하는 목적은 회사의 매수전략에 따라 다르다고 할 수 있다. 즉, 회사가 자기주식을 매수하는 목적과 전략은 국가마다 자기주식취득의 금지와 허용범위 또는 회사의 운용전략에 따라서 다르다고 할 수 있다.

우리나라의 경우 유가증권시장에서 자기주식의 취득이 허용된 1995년 5월 1일부터 1997년까지의 기간에 유가증권시장을 통해 자기주식을 취득한 기업이 제시하고 있는 취득 동기를 분석한 결과 <그림 3-3>에서 보는 바와 같이 주가안정을 위한 목적으로 자기주식을 취득하는 경우가 92% 이상으로 압도적으로 큰 비중을 차지하고 있는 반면, 경영권 강화 및 종업원에의 공로주 활용 등은 상대적으로 비중이 낮은 것으로 나타났다. 다시 말해서 우리나라의 경우는 자기주식취득이 주로 주가관리 차원에서 이루어지고 있음을 의미하고 있음을 말해주고 있다.

그런데 회사의 재무정책의 목적은 기업가치의 극대화에 있다. 따라서 자기주식의 취득과 처분에 대한 의사결정은 재무구조의 변화를 통한 회사이익의 극대화와 주가변화를 통해 기업가치를 반영한다는 양면이 있다. 그리고 다음으로 회사의 경영권보호라는 측면에서 자기주식취득이 이루어지고 있음을 알 수 있다.

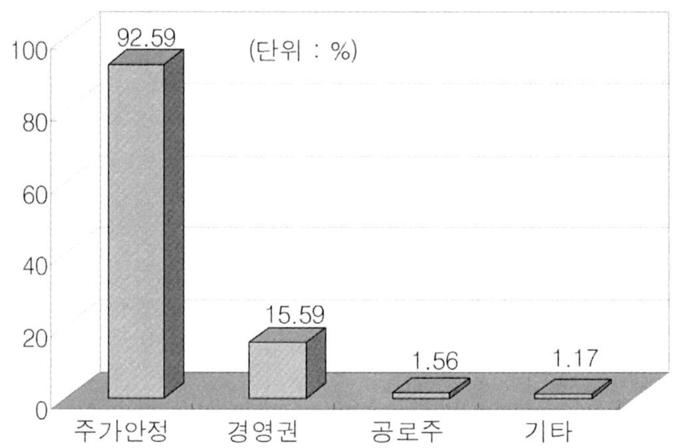

주: 취득목적을 복수로 공시.
자료: 거래소 내부자료.

〈그림 3-3〉 자기주식의 취득목적별 상황

더욱이 최근에 우리나라는 자기주식취득을 일정한 조건하에서 원칙적으로 허용하면서 취득 동기도 다양해졌다. <그림 3-4>와 <표 3-3>에서 보는 바와 같이 2005년에서 2010년까지의 자기주식취득 동기를 보면 주주가치증대와 주가안정의 목적이 67.2%로 나타났다. 그리고 무동기로 신고한 경우도 기간 중 72건에 14.31%로 나타나고 있다. 다음으로 많이 발생하는 동기목적으로는 주식매수권주선택

(6.36%)과 임직원지급(5.96%), 그리고 회사의 경영권보호라는 측면
에서 자기주식취득이 이루어지고 있음을 알 수 있다. 이는 직접취득
방식에 의한 취득 동기를 파악한 경우이지만, 신탁계약에 의한 자기
주식취득의 경우에도 취득 동기가 대부분 주가안정에 동기를 부여
하고 있는 점을 보면 주가조정을 통한 주가관리에 큰 관심을 기울이
고 있음을 알 수 있다. 따라서 불공정성거래에 대한 대책도 상당히
필요하다고 할 수 있다.

한편, 회사가 제시하고 있는 동기가 관계법에서 인정하고 있는 범
위에서 취득사유를 신고하고 있지만 사실은 자기주식취득이 허용된
법률적 동기와 실제 회사가 취득하려는 재무전략상 동기는 다소 차
이가 있을 수 있다. 다시 말해서 비록 법이 허용하는 취득목적과 동
기를 표방하고는 있지만, 실제로는 기업의 재무전략 동기에서 자기
주식취득에 대한 의사결정이 이루어질 것이다.

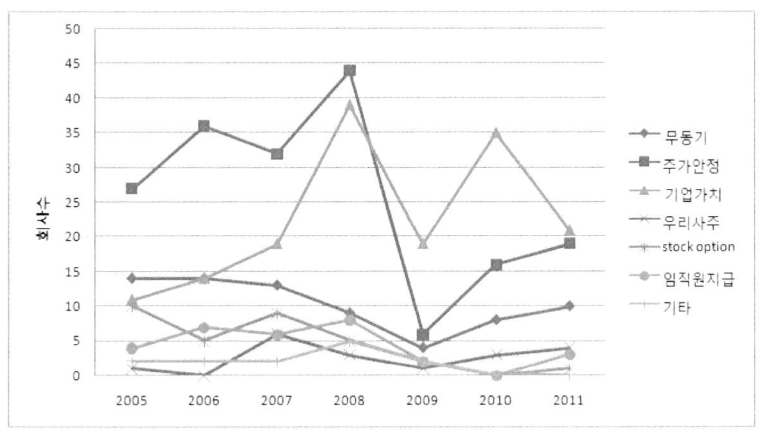

〈그림 3 4〉 자기주식취득 동기별 회사 수

〈표 3-3〉 자기주식취득 동기별 유형

수분		무동기	주가 안정	기업 가치	사주 조합	stock option	임직원 지급	기타	계
2005	회사 수(사)	14	27	11	1	10	4	2	69
	비율(%)	20.29	39.13	15.94	1.45	14.49	5.80	2.90	100
2006	회사 수(사)	14	36	14	0	5	7	2	78
	비율(%)	17.95	46.15	17.95	0.00	6.41	8.97	2.56	100
2007	회사 수(사)	13	32	19	6	9	6	2	87
	비율(%)	14.94	36.78	21.84	6.90	10.34	6.90	2.30	100
2008	회사 수(사)	9	44	39	3	5	8	5	113
	비율(%)	7.96	38.94	34.51	2.65	4.42	7.08	4.42	100
2009	회사 수(사)	4	6	19	1	2	2	2	36
	비율(%)	11.11	16.67	52.78	2.78	5.56	5.56	5.56	100
2010	회사 수(사)	8	16	35	3	0	0	0	62
	비율(%)	12.90	25.81	56.45	4.84	0.00	0.00	0.00	100
2011	회사 수(사)	10	19	21	4	1	3	0	58
	비율(비율)	17.24	32.76	36.21	6.90	1.72	5.17	0.00	100
계	회사 수(수)	72	180	158	18	32	30	13	503
	비율(%)	14.31	35.79	31.41	3.58	6.36	5.96	2.59	100

자료: 증권거래소 내부자료.
주: 우선주 난의 ( )내 수치는 보통주와 우선주를 동시에 취득한 회사 수임.

II. 미국의 자기주식 취득 동기

한편, 미국을 보면 회사가 사회경제 정세와 개별 회사가 처해 있던 경영환경에 따라서 차이가 많기 때문에 자기주식취득 목적은 매우 다양하다. 특히 미국의 경우, 1900년대의 회사가 자기주식을 취득하는 동기사유를 보면 우리나라와 비슷하나 동기별 자기주식취득 비중을 보면 우리나라와는 다소 상이함을 볼 수 있다. 우리나라의 경우에는 주가안정을 가장 큰 동기로 보고 있으나, 미국의 경우에는 우리나라와는 달리 종업원지주제와 스톡옵션에 제공하기 위한 동기가 58.2%이고 기업가치가 46%, 그리고 주식투자가치 향상이 43%이다. 따라서 이를 종합해보면 미국의 경우 자기주식취득의 주요 동기는 종업원에의 자기주식 배분동기와 주주가치 제고 동기가 주 동기임을 알 수 있다,

〈표 3-4〉 미국기업의 자기주식취득 동기

자기주식취득 동기	비율(a)	비율(b)
1. 종업원지주제 및 stock option을 위한 주식확보	58.2%	54.5%
2. 주식의 과소평가를 시정	46.4%	51.2%
3. 주식의 투자가치(1주당가치) 향상	43.6%	42.1%
4. 타 투자기회에 비해 수익성이 높음.	27.3%	28.9%
5. 경영자의 자신감을 투자자 등에 전달	24.5%	27.3%
6. 1주당이익률이나 자기자본이익률의 향상	18.2%	19.8%
7. 과소평가되어 있는 자산가치의 실현	7.3%	6.6%
8. 소수주주의 대량보유주식을 買受·취득	4.5%	4.1%
9. 주가를 상승시키기 위하여	3.6%	6.6%
10. 유동주식수의 감소로 기업매수 위험 경감	3.6%	1.7%
11. 주주구성의 관리	2.7%	2.5%
12. 기타	7.3%	5.0%

주: 1) 비율 (a)는 회답기업 전체, 비율 (b)는 향후 1년 내에 자사주취득을 검토하고 있는 기업의 비율임. 2) 복수응답 허용.
자료: Institutional Investors, 1990. 11월.

    1984년 이후의 미국에서의 회사의 자기주식취득은 당시 성행하기 시작한 적대적 M&A에 대항하기 위한 수단과 이후 배당의 대체수단으로서 주주에의 이익환원 차원에서 이용되고 있었다. 그러나 최근에는 경영자 및 종업원에 대한 인센티브 제공을 위한 stock option에 대응할 주식확보, 자기주식의 주가관리, 부채 및 자기자본비율 조정 등 재무 관리적 차원에서 주로 활용되고 있는 것으로 알려지고 있나. 또한, 미국 이외의 신진국이라고 할 수 있는 영국에서의 자기주

식취득 동기는 미국의 경우와 대동소이하며, 독일의 경우에도 주로 종업원에게 주식을 제공하기 위해서 자기주식을 취득하고 있다. 반면, 프랑스의 경우에는 시세조정을 목적으로 자기주식취득 행위가 광범위하게 이루어지고 있다.

제3절 자기주식의 재무전략적 이용

Ⅰ. 자본구조이론과 자기주식취득

1. 자본구조와 기업가치

　재무관리에서 자본구조에 관계되는 문제는 한마디로 "타인자본에 의한 자금조달과 기업가치의 관계"라고 할 수 있다. 여기에서 자본구조(capital structure)는 재무구조(financial structure)라는 용어와 혼동하여 사용되고 있다. 그러나 두 용어의 의미는 전혀 다르다고 할 수 있다. 재무구조는 기업의 자산들이 어떠한 자금으로 조달되었느냐를 말하는 것으로 대차대조표의 모든 대변항목의 구성형태를 말하는 것이다. 반면에 자본구조는 자산에 조달되는 자금의 원천 중에서 비교적 장기적인 것으로서 대차대조표의 대변을 구성하는 요인 중에서 단기적인 성격을 띤 단기부채, 외상매입금 등을 제외한 항목의 구성으로서 납입자본금 장기차입금, 이익잉여금, 자본잉여금 등 장기적인 성격을 지닌 자본구성을 말한다. 그런데 장기자본은 타인자본과 자기자본으로 크게 나누어지므로 보통 자본구조라고 하면 타인자본과 자기자본의 구성형태를 말한다.

타인자본비용은 자기자본비용보다 낮은 것이 보통이므로 저렴한 타인자본을 사용함으로써 기업의 수익률을 높일 수 있다. 그러므로 타인자본과 기업가치의 관계를 분석할 때에는 타인자본의 사용으로 인한 위험증가에 따른 기업가치의 하락을 동시에 검토하여 분석하여야 한다. 이익의 증가로 인한 기업가치의 증가가 재무위험으로 인한 기업가치의 하락의 정도를 능가하는 경우에 기업가치는 증가하게 된다. 이와 반대로 타인자본을 사용하였을 때 나타나는 기대이익의 증가로 인한 기업가치의 상승보다 위험의 증가로 인한 기업가치의 하락이 크면 기업가치는 결과적으로 하락하게 된다. 그러므로 기업가치의 최대화라는 목표를 달성하기 위해서는 적절한 방법으로 자금을 조달하여 자본구성을 하여야 한다. 이처럼 최적자본구조(optimal capital structure)는 기업이 가치를 최대로 하기 위한 자본구성을 말하며, 이론적으로는 가중자본비용을 최소로 함으로써 기업가치를 최대로 할 수 있는 자본구성을 말한다.

2. 자기주식취득과 기업가치

자본구조와 기업가치의 관계를 간단하고 명료하게 하기 위해서 다음과 같은 가정을 설정한다. ① 세금의 효과는 무시한다. ② 기업의 자본구조는 언제나 즉시 변경시킬 수 있다. ③ 자기자본과 타인자본의 비율은 사채를 발행하여 보통주를 사들이거나 또는 보통주를 발행하여 사채를 상환함으로써 기업의 규모와 경영위험의 변화

없이 변경시킬 수 있다. ④ 모든 이익은 소유주에게 배당의 형태로 지급된다. ⑤ 새로운 투자는 없으며, 어떤 투자자가 기대하는 영업이익도 동일하다. ⑥ 기업의 미래 현금흐름에 관한 주관적인 확률분포는 기업이나 일반투자자가 모두 동일하다. 이와 같은 가정과 기업의 자본구성은 타인자본과 자기자본의 두 가지로 구성되어 있다는 전제하에 솔로몬(Solomon, 1963)에 의한 자본원천별 자본비용을 정의하면 다음과 같다.

$$\text{타인자본비용}(k_i) = \frac{F}{B} = \frac{\text{고정비용}}{\text{타인자본의 시가}}$$

$$\text{타인자본비용}(k_i) = \frac{E}{S} = \frac{\text{고정비용}}{\text{타인자본의 시가}}$$

$$\text{타인자본비용}(k_e) = \frac{O}{V} = \frac{\text{고정비용}}{\text{타인자본의 시가}}$$

여기에서 k_e는 자기자본환원율(capitalization rate) 또는 자본비율이라고 한다. 이는 자기자본비용과 같은 것으로, 주가수익률(P/E)의 역수로 쓰는 것이 보통이다. 이를 자본환원율이라고 부르는 이유는 소유주에게 지급될 이익이 결정되면 k_e로서 그 가치가 결정되기 때문이다. 이익을 환원율로 나누면 자기자본가치가 된다.

$$k_e = \frac{E}{S} \rightarrow S = \frac{E}{K_e}$$

기업가치는 부채와 자본을 합한 것(V=B+S)이며, k_o은 가중자본비용 또는 시장자본환원율(market capitalization rate)이라고 부르며,

영업이익의 환원율이라고도 한다. 투자안이 결정되면 영업이익(O)이 결정되므로 가중자본비용(k_o)이 작을수록 기업가치(V)는 커지게 되므로 가중자본은 식(3-1)과 같이 표시할 수 있다.

$$k_o = (\frac{B}{B+S}) + k_e(\frac{S}{B+S})^{17)} \quad\cdots\cdots\cdots\cdots\cdots\cdots\cdots\quad (3\text{-}1)$$

여기에서 최적자본구조란 k_o를 최소로 하는 자기자본(S)과 타인자본(B)의 비율을 말하는 것으로, 자본구조이론은 부채비율이 증가함에 따라 타인자본비용(k_i), 자기자본비용(k_i), 가중자본비용(k_e)이 어떠한 변화를 일으키는가를 분석하는 것이다. 이러한 연구 중 대표적인 것이 순이익 접근법(net income approach: NI 방법), 순영업이익 접근법(net operating income approach: NOI 방법)과 전통적인 방식(traditional approach)이 있다. 이 중 순이익 접근법(net income approach: NI 방법)에 의하면 자기주식취득과 기업가치와는 관계를 가진다.

순이익 접근법(net income approach: NI 방법)은 타인자본의존도와 관계없이 자기자본비용(k_i)은 언제나 일정하다는 이론이다. 타인자본이 증가하더라도 보통주의 소유주에게 위험을 부담시키지 않는다는 것이다. 이론에 의하면 저렴한 타인자본을 이용할수록 기업의 소유주에게는 그만큼 이득이 있으므로 기업가치도 증가하게 된다는 것이다. 즉, 기업의 가치는 주식의 가치와 부채의 가치를 합한 것인데 이는 식(3-2)과 같다. 이는 소유주에게는 타인자본(B)을 이용함으

---

17) 타인자본비용(k_i)이 10%이고, 자기자본비용(k_e)이 20%이며, 타인자본비율이 0.3, 자기자본비율이 0.7이면 가중자본비용(k_o)은 다음과 같다.
$k_n = k_i(\frac{B}{B+S}) + k_e(\frac{S}{B+S}) = 0.1 \times 0.3 = 0.2 \times 0.7 = 0.17$ 즉, 17%이다.

로써 보통주소유주의 가치(S)가 증가하여 결과적으로 기업가치(V)가 증가한다는 이론이다.

$$V = S + B \quad \cdots\cdots\cdots\cdots\cdots\cdots\cdots\cdots\cdots\cdots\cdots\cdots \quad (3\text{-}2)$$

S: 자기자본의 가치
B: 타인자본의 가치

예를 들어, 기업이 3,000만 원의 사채를 발행하여 5%의 이자를 지급한다고 하며, 납세 전 순영업이익(net operating uncom)의 기대치는 1,000만 원이다. 그리고 자기자본의 자본환원율을 10%라고 하여 기업의 가치를 NI 방법에 의해서 계산하면 다음과 같다.

순영업이익(O)	1,000
고정비용(F)	150
주주의 이익(E)	850
자기자본환원율(k_e)	0.10
자기자본의 가치(S)	8,500
사채의 가치(B)	3,000
기업의 가치	11,500

이 순이익 접근법은 타인자본의 이용이 기업의 소유주에게 위험부담을 전가시키지 않으므로, 자기자본의 자본환원율이 부채비율과 관계없이 언제나 일정하다고 가정하고 있다. 그러므로 가중자본비용은 8.7%가 된다.

$$k_o = \frac{O}{V} = \frac{1,000}{11,500} = 8.7\%$$

그런데 기업이 자본구조변경을 목적으로 사채를 3,000만 원에서 6,000만 원으로 증가시키고 그 차액 3,000만 원으로 자기회사의 주식, 즉 자기주식을 매입하였다고 하면, 이때에는 기업의 총자산에는 변화가 없으며, 단순히 타인자본과 자기자본 비율만 변화하게 되며, 기업의 가치는 다음과 같다.

순영업이익(O)	1,000
고정비용(F)	300
주주의 이익(E)	700
자기자본환원율(k_e)	0.10
자기자본의 가치(S)	7,000
사채의 가치(B)	6,000
기업의 가치	13,000

그러므로 가중자본비용은 7.7%가 된다. 순이익접근법에 의하면 기업은 부채비율을 증가시킴으로써 기업의 가중자본비용을 줄이게 되므로 결과적으로 기업의 가치를 높일 수 있다는 것이다.

$$k_o = \frac{O}{V} = \frac{1,000}{13,000} = 7.7\%$$

Ⅱ. 자기주식취득에 따른 이해관계구도

회사가 자기주식의 취득을 결정하는 것은 다양한 목적을 가지고 있다. 따라서 회사는 자기주식을 취득하여 다양한 목적으로 이용할 수 있다. 이와 같이 기업이 재무정책상 소기의 목적을 달성하기 위해서 자기주식취득을 결정하는 것을 재무전략적 이용이라고 할 수 있다. 즉, 재무전략적 이용이란 회사가 자기주식의 취득을 통해 재무상의 변화를 추구하거나, 변하는 기업환경에 대응하기 위한 것으로 볼 수 있다.

한편, 회사의 자기주식취득은 주주나 투자자, 채권자, 종업원, 경영자 또는 제3자 등 이해관계인에 따라서 각각 다른 이해구도를 가지고 있다. 이러한 이해구도는 상장법인의 재무전략에 따른 자기주식의 취득·처분을 결정하는 중요한 요인이라고 할 수 있다. 즉, 회사는 이러한 이해관계자들의 이해관계와 기업의 재무구조의 변화를 위한 재무전략적 차원에서 자기주식에 대한 취득결정을 할 것이다.

먼저 자기주식취득에 따른 이해관계구도와 자기주식의 재무전략적 이용전략으로는 어떠한 것이 있는가를 살펴보기로 한다. 자기주식취득에 따른 이해관계구도는 <그림 3-5>에서 보는 바와 같이 회사는 종업원의 복지나 창조적인 업무수행을 통해 기업의 가치를 증가시키기 위해 종업원에게 자기주식을 배분한다. 즉, 회사는 우리사주조합이나 주식매수선택권(stock option)에 제공하기 위하여 자기주식을 취득한다. 채권자에게는 자본구조의 재편을 통해 배당지출을 감소시키고, 현금흐름을 풍부하게 하여 유동성을 제고함으로써 부채상환의 여력을 증가시켜 신뢰를 확보한다. 투자자 및 주주에게는 기업의 저평가에 대한 경영자의 시그널(signal)을 보냄으로써 주가조정을 통한 시세상승을 유도하여 주주이익을 환원할 수 있도록 한다. 경영자는 자기주식의 취득을 통해 배당코스트를 경감하고, 자본구조를 재편함으로써 재무효율을 높인다. 기타 제3자로부터 기업경영권에 대한 방어와 기업의 적대적 M&A에 적극적으로 대처한다.

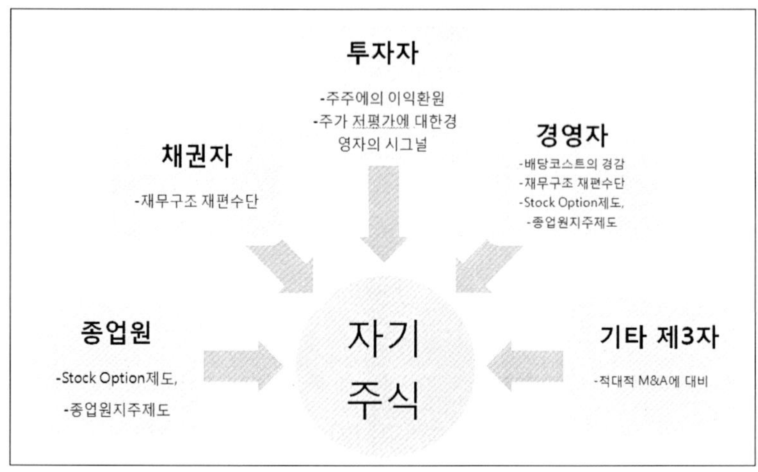

〈그림 3-5〉 자기주식취득에 따른 관계인의 이해구도

Ⅲ. 회사의 자기주식취득 이용전략[18]

1. 기업의 경영권보호

자본자유화의 진전에 따라 외국인의 국내증권에의 직접투자는 국내기업의 외자조달을 용이하게 하는 반면, 외국인에 의하여 국내기업이 경영권의 침해를 받을 우려가 있다. 그러므로 회사의 원활한 외국자금조달을 촉진하는 한편, 외국자본으로부터 국내기업의 경영권을 보호하기 위한 단기적 대응방안으로서 회사의 자기주식취득은

---

18) 소재환, 2013.

효과적인 것으로 인정되고 있다. 즉, 회사의 자기주식취득은 기업의 외자조달은 물론 외국인에 의한 경영권의 침해를 방어하는 수단으로서 이용이 가능하다. 특히 대주주의 지분율이 낮아지는 추세에 있는 우리나라는 장기적으로 국내외의 대규모 자본이 공개매수 등에 의하여 기업의 지배권을 탈취하려고 시도할 것으로 보인다. 이 때 회사의 자기주식취득은 기업의 경영권보호의 대비책으로 그 의의가 있다.

미국에서는 1984년부터 적대적 기업매수에 대한 방위책으로 이용되었다. 즉, 매수사냥꾼(raiders)의 표적이 된 회사는 매력이 있는 보유자산을 담보로 제공하여 차입하거나 동 자산을 매각하여 자금을 조달하고, 조달된 자금으로 자기주식을 취득하여 매수대상기업으로서의 매력을 없애고 유통주식수를 감소시켜 적대적 기업매수에 대비하였다.

2. 외국기업매수의 용이성

국내의 회사가 외국에 진출하여 외국회사를 매수하는 것을 용이하게 하기 위한 방법의 하나가 자기주식의 취득이다. 예를 들어, 미국에서는 자본이득세를 채택하고 있다. 그 때문에 한국의 기업이 미국에서 기업을 매수하고자 하는 경우 현금으로 매수하는 경우에 응모주주가 주식의 매도를 하면 자본이득세가 부과되나 주식교환에 의한 공개매수(stock merger)의 경우에는 대가로 수취하는 주식을 매도할 때까지는 과세가 되지 않는다. 그 때문에 미국에서의 공개매수의 성공을 위해서는 현금으로 공개매수를 하는 것보다는 주식교환을 통하여 공개매수를 하는 것이 보다 용이하거나 유리할 수 있다.

자기주식을 이용한 주식교환에 의한 공개매수(stock merger)의 또 하나의 이점은 금융의 국제화, 개방화의 추세에 따라 향후 대형 M&A가 가능한데 이때 번거로운 절차를 요하는 신주발행이나 사채의 발행 등을 통한 자금조달을 하지 않고 자기주식교환에 의한 기업매수가 가능해지고 기업의 경쟁력을 갖추는 데 도움이 된다.

더 나아가 향후 국제사회(미일구조협의, IMF, OECD)는 상호주보유에 대한 규제를 강화하여야 한다는 입장이다. 또한, 우리나라의 경우에도 자본시장통합법과 독점 규제 및 공정거래에 관한 법률 등에 의거 상호주보유 규제로 강화해나가고 있는 실정이므로 기업들은 독점금지법에 저촉할 리스크를 안고 있어 잉여자금을 대형의 기업매수에 투자하는 것도 어려운 상황이다. 이와 같이 상호주의 보유규제가 강화되는 경우 기업의 지배권 보호에 취약하고, 또한 상호보유하고 있는 주식의 출회물량으로 증시에 자기주식의 시세에 영향을 미칠 것이다. 따라서 상호주보유의 대체수단으로써 자기주식을 이용하여 시중의 유동성을 흡수하고 주주구성을 조정을 할 수 있다. 특히 이 경우의 자사주 매입은 시장 전체적으로는 수요와 공급의 문제로 주식의 공급을 줄임으로써 주식시장을 상승세로 유도하게 되는데, 이때 시세조종 등의 불공정거래의 문제가 발생할 수 있다

3. 기업의 자금조달수단

기업자금조달의 원활화를 위해 인정되고 있는 전환사채(CB)나 신주인수권부사채(BW) 등 특수채의 발행은 그의 행사를 위해서는 신

주를 발행해야 하므로 기업의 주식가치가 희석될 우려가 있어 제도 이용의 효용성이 없어지게 된다. 따라서 신주발행 대신에 자기주식을 청구권자에게 인도하는 것을 허용하는 경우 주식가치의 희석 없이 주식매수권부사채(Bond with stock purchase warrants) 등의 발행을 통해 신주발행에 의한 자본의 증가를 회피하면서도 저리의 비용으로 기업의 자금조달수단을 다양화할 수 있다. 그 때문에 미국에서는 누적전환청구권이 부여된 우선주나 Zero-coupon 전환사채 등 금융상품이 계속적으로 등장하고 있는데, 이는 모두 전환권 행사에 대하여 신주를 발행하여 교부하는 대신에 기발행한 자기주식을 취득하여 교부하고 있다.

4. 재무구조의 개선수단

회사는 자기주식을 이용하여 수익력이나 성장력 등에 따라 최적이라고 생각되는 자본구성, 즉 최적 자본구조를 구축하는 데 이용할 수 있다. 만약에 회사의 규모에 비해 발행주식수가 과다한 경우, 회사의 규모 또는 성장성 등에 따라 회사는 차입금으로 자기주식을 매입한 후 주식소각을 통하여 자기자본을 감소시킴으로써 현금배당지출을 최소화하며, 다른 한편으로는 자기자본비율의 인하 및 차입금의 증가 등의 재무구조개편수단으로 이용한다. 즉, 자사주 매입 후 이의 소각을 통한 자기자본의 감소와 자사주 매입을 위한 차입금의 증가 등으로 인한 기업의 재무상태의 개선 및 재무의 기동성을 강화시키고, 또한 자기주식 매입에 의한 발행주식수의 감소를 통해 주당 순이익 증가를 꾀한다. 예를 들면, 미국 S&P 500 기업의 부채비율은

평균 70%로 영국기업의 평균 부채비율은 30%보다 높다. 이는 미국
의 기업들이 그만큼 자본에 대한 의존도를 낮추고 차입금을 통해 기
동적인 사업전개를 하고 있음을 말해준다. 또한, 영국에서도 자기주
식을 취득하여 ROE(자기자본이익률) 및 EPS(주당순이익)를 향상시
켜 재무구조개선을 꾀하고 있다. 예를 들어, 버클레이 은행은 2년간
12억 5,000만 파운드의 자기주식을 매입하여 주당순이익(EPS)을 약
7% 상승시켰다. 이 외에도 회사의 소액주주가 많은 경우, 주주관리
비용의 절감을 통해 재무의 건전성을 확보하기 위해 자기주식을 취
득하는 경우도 있다.

5. 잉여자산의 운용

기업이 자기주식의 매입을 확대하는 원인은 자사제품 관련 시장
의 규모 확대에 따른 수익의 급속한 확대로 막대한 이익이 주주자본
계정에 축적되는 한편, 현금·예금 등 대규모 이익을 내지 못하는
유동성 자금이 팽창하여 자본효율이 저하되었기 때문이다. 또는 주
주들의 기업에 대한 감시가 강화되는 가운데 잉여자금을 대폭 압축
하여 주주에게로의 이익환원 요구 압박이 가중되고 있다. 캘리포니
아의 하이테크 주 분석가인 마이클 머피는 "주주자본을 시장에서 환
원하지 않으면 자본효율의 악화를 피할 수 없다"고 지적하였다. 예
를 들면, 1996년의 인텔과 마이크로소프트는 공히 주주자본이익률
(ROE)이 35%에 이르렀다. 따라서 이 두 회사는 내부유보의 축적으
로 주주자본이 계속 팽창하였기 때문에 결과적으로 35% 이상의 수
익(return)을 확보할 수 있는 투자기회를 상시 발굴하지 않으면 ROE

의 저하는 피할 수 없는 사태에 직면하게 되었고, 이로 인해 기업의 성장이 영원히 지속될 수가 없었다. 따라서 자기주식의 매입을 통해서 분모가 되는 자본의 팽창을 억제하지 않을 수 없었다.

다른 한편으로는 설비투자에 따른 예상수익보다 자기주식취득이 유리하다고 판단되는 경우나, 또는 마땅한 투자대상이 없는 경우에는 투자수단으로서의 자기주식을 취득한다. 예를 들면, 1984년 이후에 미국에서는 회사들이 유휴잉여자금으로 자기주식 매입 외에 유용한 투자수단을 찾을 수 없고, 성장전망이 그리 좋지 않다는 것을 인식하면서 자기주식을 매입하는 경향이 있었다.[19]

6. 주가 안정화 기능

자기주식 매입은 시장에서 주식의 공급을 줄이는 결과를 가져와 주가를 상승세로 유도하거나 또는 주가를 안정시키는 효과가 있다.[20] 미국에서는 1987년 10월의 Black Monday를 계기로 주가 안정

---

19) 예를 들면, 미국의 Phillip Morris는 1994년 말부터 5년간에 걸쳐 총 140억 달러 규모의 자기주식을 취득하였으며, IBM도 1997년 10월 하순에 Dow 30 평균이 사상 최대 하락을 기록한 때에 70억 달러 규모의 자기주식 매입정책으로 선회하였다. 이는 거액의 현금수입을 일반적인 설비투자나 M&A로는 해소시키지 못하게 되어 대안으로 잉여자산의 운용 수단으로 자기주식 매입에 주목하게 되었는데, 이는 이익을 내지 못하는 자금을 그냥 수중에 둘 경우 株主로부터의 비판을 받을 수밖에 없다고 판단한 것이 자기주식을 투자 수단으로 선택하게 된 배경이기도 하다. 또한, 1997년에는 인텔, 마이크로소프트, 컴팩 등 하이테크 기업은 풍부한 cash-flow를 바탕으로 대규모의 자사주 매입에 착수하고 있다. ① 인텔의 경우 97.1/4분기에 설비투자 8억 달러인 반면, 자사주 매입은 12억 달러이며, ② 마이크로소프트의 경우는 97.1/4분기에 cash-flow(16억 달러) 외에 일부의 현금유동성도 허물어져 20억 달러를 투하하여 자기주식의 매입에 사용하고 있으며, ③ 컴팩의 경우 역시 높은 이익의 성장으로 통상의 설비투자로는 소화할 수 없을 만큼의 cash-flow(순이익, 감가상각비 등)가 발생하여 97. 3월 말 현금 등 유동성 자금이 47억 달러로 팽창하게 되었다. 이에 따라 자기자본의 증가에 따른 자본효율의 악화를 방지하기 위해 기발행주식수의 9%를 자기주식으로 취득하기로 매입전략을 세웠다.

20) SEC의 조사결과(1987.10.19~10.23)에 의하면 S&P500종목 채용회사의 경우 ① 자기주식을 취득하지 않은 회사의 주가하락률은 16.5%, ② 자기주식을 취득한 회사(129사)의 수가하락률은 15.0%, ③ 동 기간 중 자기주식취득계획을 발표한 회사(77사)의 발표시간 2시간 후의 주가는

화 측면에서 기업들의 자기주식취득이 활발하게 이루어졌다.

자기주식취득의 주가 안정화 효과에 대한 연구결과에 따르면 ① 유통주식수의 흡수로 인해 공급곡선이 좌상향되는 점과 ② 회사가 자기의 미래업적에 자신감을 가지고 있고, 현재의 주가가 과소평가 되었다는 점을 회사의 경영진이 외부에 공시하게 됨으로써 투자자들의 매수를 자극하여 매수로 유도한다. 그러면 신호효과(signaling effect)로 인해 수요곡선이 좌상향된다는 점을 들고 있다. 다시 말해서 자기주식의 매입은 자사의 주가가 급락하는 경우 경영자가 현재 주가수준이 기업의 실질적인 내재가치보다 낮게 평가되어 있다는 의사표시로 신호효과에 의해 주가에 긍정적으로 작용하게 되어 주가하락을 방지할 수 있다는 것이다.[21] 따라서 자사주 매입은 기업의 주가를 상승시켜 기업의 시장가치를 증대시키며. 자본이득을 높이는 등 기업의 투자전략이 될 수도 있다.

7. 유동주식수의 조정

선진국에서는 유동주식수의 관리나 주주구성의 관리를 위해서 자기주식이 많이 이용되고 있다. 자기주식의 매입은 시장에서 주식의 공급을 줄임으로써 시세상승을 유도한다. 예를 들면, 미국에서는 1984~1990년 사이에 자사주 매입, LBO 및 합병을 통해 주식공급 물량을 20% 정도 감소한 것으로 보도되고 있다.

3.84% 상승한 반면, S&P500의 주가상승률은 1.92%였다; 日本證券團體協議會, "自己株式取得에 대해", 1992.7. p.9.

21) 예를 들어, Coca-Cola, Wells Fargo, Philip Morris 그리고 Exxon은 자사주 매입을 통하여 주가의 상승을 가져왔다. 즉, 투자자들의 유인을 통한 주가상승효과라고 할 수 있다.

우리나라에서도 최근의 상장기업들이 자기주식을 사들여 증시에 유통되는 물량을 줄임으로써 주가를 안정화시키기 위한 동기가 90% 이상을 점유하고 있다. 그러나 사실상 자기주식을 매입하여 소각하지 않는 한 회사의 발행주식수의 감소는 발생하지 않고 단지 시장의 유동주식수만을 감소시킨다. 그 때문에 장기적으로 보면 취득된 자기주식이 시장에 유통되는 경우 반대로 유동성의 증가를 가져올 수 있다. 따라서 자기주식의 취득·처분을 통해 유동성을 조정할 수 있다.

그러나 자기주식의 취득을 통한 주식공급물량 감소에 대하여는 의문이 제기되기도 한다. 지기주식 매입을 통한 스톡옵션의 광범위한 이용은 주식공급물량에 대한 통계를 왜곡시킨다. 예를 들면, 회사의 종업원들이 20달러에 매수옵션을 가진 주식을 회사가 80달러로 자사주로 매수하여 종업원들에게 제공할 경우 실질적인 주식공급은 변화지 않으나, 통계는 주식발행에 있어 60달러가 감소한 것으로 나타나 시가총액이 감소한다. 그러나 실제로 스톡옵션을 위한 자사주의 매입은 발행주식수의 감소를 가져오지는 않는다.

8. 조세회피수단

주주들의 배당소득에 대한 세율이 높은 경우 자기주식은 조세의 회피수단으로 이용할 수 있다. 즉, 회사가 주주들에게 배당을 지급하는 경우 현금배당 대신에 자기주식을 매입하여 주식으로 배당을 지급하면 조세를 회피할 수 있다. 예를 들어, 미국의 경우에 배당소득에 대한 과세는 1993년 세제의 개정을 통해 강화되어 현금배당에 대해 38%에서 51%의 배당세율이 적용되고 있는 데 반해, 최근 18

개월 이상 보유하는 투자자금에 대해서는 양도차익과세율(capital gain tax rate)은 20%로 인하하여 적용하고 있기 때문에 전통적인 고배당 정책을 유지해온 중견기업들도 현금배당 대신에 자기주식의 매입으로 주주에게 주식배당을 주는 것이 합리적이라고 생각하게 되었다. 즉, 미국기업들은 배당을 통해 현금으로 지급하는 경우 주주들에게 많은 세금이 부과되기 때문에 배당지급자금으로 자기주식을 매입하여 주식배당을 지급함으로써 배당으로 인해 부과되는 높은 소득세를 자본이득세로 전환하여 주주들에게 돌려주는 조세회피수단으로 이용한다.

영국의 경우에도 세제개혁에 따른 주주에 대한 특별배당 성격의 세제우대조치가 폐지됨으로써 각 기업은 여유자금을 자사주 매입 등 다른 목적으로 활용하여 이익을 주주에게로 환원시키고 있다.

9. 주주에의 이익환원 극대화

미국의 경우 자기주식은 통상 금고주가 되어 주주총회의 의사정족수에 산입되지 않고 의결권이 휴지됨은 물론 배당을 지급하지 않는다. 따라서 배당주식수에서 공제됨으로써 1주당순이익이 증가하게 된다. 그 때문에 자기주식취득은 주주에게 실질적인 배당증가를 가능하게 하여 주주에 대한 이익환원 정책으로 이용된다. 예를 들면, 미국에서는 자사주 매입은 발행주식수의 감소를 통해 주당순이익을 증가시키고 있는데 기존의 분석에 의하면 해당기업의 5% 자사주 매입은 주당순이익을 2~3% 증가시키는 것으로 조사되었다(神田秀樹, 1992).

또한, 기업이 취득하고 있는 자기주식은 배당지급에 있어 발행주식총수에서 공제됨으로써 기업의 입장에서 보면 배당부담을 경감하는 수단으로도 이용하기도 한다.

예를 들면, 미국에서 1983년부터 1986년까지 NYSE 상장회사가 행한 배당지급 및 자기주식취득으로 주주에게 환원한 금액비율을 보면 배당지급이 72%, 자기주식취득이 28%를 차지하고 있는 것으로 조사되어 있다.22) 영국기업은 미국기업에 비해 여전히 주식자본에 대한 의존도가 높기 때문에, 영국에서도 주식 소각을 통한 배당지급부담의 억제 또는 경감하기 위해 자기주식의 취득을 이용하고 있다.23)

10. 배당억제 수단

1997년 이후 미국 유력기업들은 배당정책을 고려하기 시작하였는데 그것은 배당을 억제하고 자기주식의 매입을 적극적으로 추진하는 것이다. 미국 3대 공중파 방송 중 하나인 CBS가 1935년 이래 계속해온 배당을 1998년 3월 초의 배당금 지급을 끝으로 중지하고 무배당 경영으로 전환하여 지급해야 할 배당자금으로 배당 대신에 Media 사업에 대한 신규 투자를 적극화하고, 10억 달러의 자사주 매

---

22) 주주에 대한 이익의 환원정책으로서의 배당지급과 자기주식취득과의 관계 내지 역할에 대해서는 ① 소액의 환원은 배당의 형태로 이루어진다. ② 다액의 환원은 공개매수의 형태로 이루어진다. ③ 자기주식의 취득은 그 중간에 위치한다고 하고 있다: 日本證券團體協議會, "自己株式取得について", 1992.7. p.9.

23) 예를 들면, S&P500 주가지수의 대상인 미국기업의 부채비율(부채/자기자본)은 평균 70%인데 비해 영국기업은 30% 수준이다. 부채비율이 높은 미국기업은 영국기업보다 주식자본에 대한 의존도가 낮고 차입금 등을 기초로 기동적인 사업전개를 하고 있다.

입정책으로 전환하였다. 그 이유는 고성장에 따른 주주가치를 증대
시키기 위해서는 자기주식 매입과 함께 무배당 경영이 가장 효율적
이라고 판단하고 있기 때문이다. 또한, General Motors(GM)도 배당
보다도 자기주식 매입이 주가상승을 통해 주주에게 이익을 환원할
수 있다고 판단하고 배당을 늘리지 않은 반면, 새로 40억 달러의 자
기주식 매입정책으로 전환하였고, Microsoft 및 Sun Microsystems 등
의 기업들도 일률적으로 무배당 경영을 하고 있다. 이처럼 이익이
증가하고 있는 가운데 배당을 억제하는 유력한 기업이 증가함에 따
라 배당성향, 즉 배당금이 최종이익에서 차지하는 비율은 낮은 수준
을 기록하였다.

11. Stock Option제도 및 종업원지주제도 활용

오늘날 자기주식 매입은 종업원들에게 스톡옵션으로 부여하는 방
법의 일환으로 많은 기업에서 이용하고 있다. 즉, 기업들은 자사의
직원들에게 보다 낮은 가격으로 株式을 매입할 수 있는 스톡옵션을
발행하고자 자기주식을 매입한다. Stock Option제도는 경영자에게 3
년 내지 5년의 중기의 업적에 대한 보수로서 자기주식을 일정한 가
격으로 매수할 권리(Stock Option)를 주는 제도를 말한다. 이 제도는
경영자가 이득의 취득이라는 동기로 회사의 경영실적을 높이기 위
해 노력하고, 이로 인한 높은 경영실적은 주가에 반영되어 경영자는
Stock Option을 행사하여 시세차익을 향유할 수 있게 된다.[24] 따라

---

24) 미국에서는 실제로 풍부한 투자기회를 가진 유력 하이테크 기업에 의한 대형 자사주 매입 계
　 획도 '97년에는 두드러졌다. 예를 들면, Intel은 42억 달러, Dell Computer는 35억 달러의 규모

서 이는 기존주주들로부터 종업원에게로의 가치의 이전을 의미하고 있다.

한편, 종업원지주제도의 운용에 있어 효용성을 높이기 위해 자기주식의 취득을 통해 종업원에게 자사의 주식을 제공하는 수단으로 이용할 수 있다. 이는 기존주주들로부터 종업원에게로의 가치가 이전되는 것으로 경영자나 종업원에 대한 혁신경영을 유인하는 수단으로 자기주식을 활용할 수 있다.

IV. 자기주식취득에 대한 의사결정

1. 의사결정의 일반적 의의

의사결정(decision-making)이란 현대경영학에서 주로 많이 사용하고 있는 말이지만 이는 사용하는 사람의 주관적 견해로 통일적인 정의가 내려져 있는 것은 아니다. 그러나 일반적으로 의사결정이란 행동방안에 대해서 결정하는 행동 혹은 의견을 형성하는 행위로서 이는 판단에 의해서 이루어지는 것이라고 정의할 수 있다. 즉, 의사결정이란 미래의 행동방안을 선택 또는 결정하게 하는 행위를 말한다. 그런데 의사결정은 그 결정과 선택을 어떻게 해석하느냐에 따라 의사결정에 관한 이론적 연구방향의 차이를 가져오는데, 그 견해 차이가 기술적 결정이론(descriptive decision theory)과 규범적 결정이론(normative

---

름 설정하였다 이들은 모두 Stock Option 행사에 따라 1주당이익이 감소되는 것을 막는 것이 주목적이었다.

decision theory)의 견해차이다.

기술론적인 관점에서 본다면 의사결정이란 미래의 행동방안을 인간의 의식적 판단에 의해서 선택하게 하는 행위로서 특정한 행동방안을 얻기 위해 결정자의 주관적 선호의 평가에 의한 결심 또는 결단을 수반하게 되는 선택행위로 이해된다. 이때 결정자의 의식적 판단에 의한 선택은 결정과 같다. 그러나 규범적 관점에서 본다면 행동주체의 주관적 판단에 의한 결정에 앞서 대체적 행동방안의 검증가능성과 합리적 결정규칙 등을 제시하여 결정에 이르도록 하는 행위를 선택이론의 주 대상으로 하고 있다. 여기에서는 결정은 선택과정에 있어 최종적인 행동방안이 검증될 때 선택과 같게 된다. 따라서 W. Dunlop가 "결정이 없는 선택은 있을 수 있으나, 선택이 없는 결정은 있을 수 없다"고 한 것은 이를 지칭하고 있다고 볼 수 있다. 따라서 의사결정은 결심과 판단을 수반하게 되는 선택적 행위까지도 포함된다고 보면 이는 미래의 행동목표로서 목적한 바의 결과를 얻는 데 적합한 행위의 선택이어야 한다. 이렇게 볼 때 의사결정은 미래행동을 유발시키는 결정상황을 예견하고 특정상황하에서 목적한 바의 결과를 얻기 위한 행동을 선택할 수 있도록 결정상황을 합리적으로 전환시키는 행위라고 할 수 있다.

2. 자기주식취득과 의사결정 요인

오늘날 기업에서 의사결정문제는 복잡하며, 대부분의 결정문제는 그 자체가 불완전한 정보를 의미한다. 의사결정은 목표와 목적을 설정하고 정보를 수집하여 대체적 방안을 설정하고 평가·결정하는 과정이며, 이러한 과정은 의사결정문제의 특성에 따라 순환적이며 반복적으로 행하여진다. 이에 합리적인 의사결정을 하기 위해서는 어떠한 정보가 필요하며 어떠한 방법으로 정보를 수집하여 의사결정의 분석에 이용할 것인가에 대한 결정도 의사결정의 한 단계를 형성하게 된다. 그런데 기업경영에서 필요한 정보에는 경영상태를 나타내는 정보(state-type information)와 관련을 나타내게 되는 정보(relation-type information)가 있게 된다. 그 때문에 합리적인 결정을 위해서는 이러한 정보를 결정과정에서 전환시켜야 한다.

이처럼 회사가 자기주식을 취득하기 위한 설정을 하였을 때에는 자기주식을 취득해야 하는 현실적인 기업문제가 존재하게 된다. 즉, 자기주식취득(relation-type information)이란 결정과 판단을 하는 데에는 이에 따른 경영상태를 나타내는 정보(state-type information)가 있었을 것이다. 여기에서 경영상태를 나타내는 정보로는 기업의 재무상황이나 기업환경정보를 의미하며, 이러한 정보가 자기주식취득이란 선택을 하도록 했을 것이다. 따라서 이러한 경영상의 정보가 곧 자기주식의 취득과 취득규모를 결정하는 주요 요인이 되며, 이러한 요인이 자기주식취득이라는 의사결정을 하도록 하였을 것이다. 따라서 본서에서는 기업이 자기주식취득을 결정하게 된 경영상의 문제를 조사 분석하여 이를 자기주식취득을 결정하는 요인으로 개발하고, 이들 요인이 자기주식취득 및 취득규모의 결정에 어떠한 영향을 미치는가를 분석한 결과를 소개하고자 한다.

4장

자기주식취득 동기 이론과 가설의 설정

제1절 자기주식취득 동기 이론

회사의 자기주식취득 동기는 국가마다의 자기주식취득의 금지와 허용범위에 따른 국가정책과 회사의 재무전략에 따라서 다를 수 있다. 그 때문에 자기주식을 취득하는 동기는 매우 다양하다. 그러나 많은 학자들에 의해 연구된 자기주식취득과 관련한 동기에 대한 대표적인 이론가설은 다음과 같다.

Ⅰ. 정보신호가설

정보신호가설(information signalling hypothesis)은 자기주식취득이라는 재무적 의사결정은 정보우위에 있는 경영자가 현재의 시장가격이 내재가치보다 낮게 설정되어 있다는 정보를 외부 투자자들에게 전달하는 것이므로, 자기주식취득 결의는 투자자들의 주식매입을 유인하여 주가를 상승시킨다는 가설로서, 이를 저평가신호가설(undervaluation signalling hypothesis)이라고도 한다. 즉, 외부투자자가 기업가치를 경영자가 판단하는 적정수준보다 낮게 평가하기 쉽기 때문에 정보신호가설에 따르면 경영자는 자사주 매입을 통해 기업의 미래전망에 관한 내부정보를 투자자에게 신호한다는 이론이다. 이러한 동기를 중심으로 연구한 학자들의 연구결과를 보면 다음과 같다.

Vermaelen(1981)은 자기주식 매입은 주가에 정(+)의 영향을 미치고 있는데 이는 저평가된 주가를 수정하는 과정이며, 소기업이 대기업보다 정보비대칭 문제가 더 심하여 주가가 더 크게 상승하기 때문에 주식의 저평가가 자기주식 매입의 주요 동기라고 하였다. Ikenberry et al.(1995)은 주식의 저평가 외에 다른 이유도 있다고 하였다. 그는 장부가/시가 비율(book equity/market equity ratio: BE/ME)을 기준으로 표본을 분류하여 분석한 결과 BE/ME가 높은 기업의 자기주식 매입 동기는 저평가이나, BE/ME가 낮은 기업에서는 비정상수익률이 영(0)에 가깝거나 부(-)의 값으로 나타났다. 그 때문에 BE/ME가 높은 기업이 모두 저평가된 것은 아니며, 저평가가 주요 동기가 아님을 의미한다고 하였다.

정성창·이용교(2001)는 자사주 매입 기업의 저평가에 관해 분석 결과 공시일 이전 6일부터 공시일 이후 2일까지의 평균 비정상수익률이 통계적으로 유의하였으며, 공시일 이후 큰 폭으로 상승하여 한 달 후까지 상승세가 지속되고 있는 것은 기업이 주가관리수단으로서 자사주 매입을 실시했기 때문이라고 하였다. 김철교(1997)는 자사주 매입과 자사주 펀드 가입이 주가에 미치는 영향을 분석한 결과 자사주 매입의 경우 주가가 하락행진이 계속됨에 따라 가격을 안정시키기 위해 자기주식을 취득하고 있다고 주장하였다. 그러나 자사주 매입과 자사주 펀드 가입 기업의 주식성과는 사전 수익률과 부의 관계를 보이고 있어 주식의 저평가 정도가 크면 클수록 주가상승폭은 커지고 있으나, 통계적인 유의성은 없었다.

이 외에도 Dann(1981), Vermaelen(1984), Lakonishok and Vermaelen(1990), Hertzel and Jain(1991), Bartov(1991), McNally(1999), 우춘식·신용균(1996), 이태희 외 2인(2000), 김성민(2003), 설원식·김수정(2005) 등이 이 설을 주장하고 있다. 이들 역시 내부 경영자가 시장에서 가격이 저평가되어 있다고 판단할 때, 자기주식취득을 통하여 신호(signalling)를 전달하고 있으며, 자기주식취득 비율이 클수록 비정상 수익률은 더 커진다는 분석결과를 제시하고 있다.

그러나 이러한 연구결과와 매우 상반된 주장도 제기되고 있는데 이는 거짓신호가설(false signalling hypothesis)이라고 한다.

Ⅱ. 허위신호가설

허위(거짓)신호가설(false signalling hypothesis)은 정보신호가설과 상반된 주장으로 경영자들이 주식가격이 하락할 때 자기주식을 취득하고 상승할 때 취득한 주식을 처분하는 등 기회주의적으로 활용하고 있다는 가설로 기회주의적 동기가설이라고 한다. 이러한 거짓 허위신호가설이 소각목적의 자기주식 매입에 주는 시사점은 매우 의미가 있다. 즉, 어떤 기업이 이익소각을 실시할 정도의 시장가치는 투자자들에게 신호효과에 대한 신뢰성을 주지 못하기 때문에 시장에서 기업가치 상승에 별다른 영향을 주지 못할 것이다.

Chou and Lin(2004)은 자기주식취득 기업들의 공시 이후 실적 예상치가 개선되지 않고 오히려 악화되고 있다는 증거를 제시하면서 거짓신호가설을 제시하고 있다. Jung et al.(2006)은 자기주식의 처분과 연계하여 분석한 결과 경영자들이 주식가격이 하락할 때 자기주식을 취득하고 상승할 때 취득한 주식을 처분하는 등 자기주식의 취득과 처분을 혼합하여 기회주의적으로 활용하고 있다는 분석결과를 제시하였다. 변진호(2004)는 1년간의 장기성과가 부(-)의 값을 나타내고 있음으로 보아 기업에서 저평가의 여부와는 상관없이 주식가격을 상승시키기 위해 자기주식 매입이라는 허위정보를 시장에 보낼 수 있음을 지적하였다. 정성창(2004)은 기업들이 간접취득방식인 자사주 펀드 혹은 신탁계약 등을 활용할 때 공시효과가 상대적으로 미약한데도 이 방식을 활용하고 있는 것은 추후에 실시하는 유상증자 등의 기준가격 결정 시 주식가격 부양을 위하여 사용할 가능성이 있다고 함으로써 자기주식을 불공정거래에 활용할 가능성을 제기하였다. 김윤태·서정욱(2005)은 자기주식취득 기업들의 이익조정행위를 분석한 결과 경영자들의 자기주식취득이 정보전달신호보다는 기회주의적 동기와 무관하지 않음을 보여주고 있다. 변진호·표민교(2006)도 저평가를 자기주식 매입동기로 공시한 기업들 중에서 약 35%에 해당하는 기업들은 대주주가 자기주식 매입기간 동안에 보유주식을 매도하고 있음을 보고 자기주식취득은 기회주의적 동기에서 비롯된 것으로 보고 있다.

III. 매수합병방어가설

인수합병방어가설(takeover defence hypothesis)이란 기업에서 적대적 인수합병에 대한 방어수단으로 자기주식을 취득한다는 가설로서 기업인수가설이라고도 한다.

Bagwell(1991)은 기업들은 적대적 기업인수를 방어하기 위한 수단으로 자기주식을 매입한다고 하였다. 기업이 자기주식을 매입하면 인수기업이 매입할 수 있는 주식수가 감소하고, 또한 자기주식 매입으로 인해 방어기업의 주가가 상승하면 인수기업의 매수비용이 증가하므로 기업인수를 방어하는 효과가 생긴다. 그리고 기업인수 가능성이 큰 기업일수록 자기주식 매입 규모가 증대한다는 것이다. 연태훈(2005)은 지배주주가 아닌 내국인의 주요 주주들의 지분의 합이 높을수록 자기주식 보유비율이 크게 나타나고 있어 자기주식 매입 및 보유의 목적이 경영권 방어에 대한 유인과 관련되어 있음을 주장하고 있다. 또한, 이익소각의 경우에도 유통주식의 수량을 영구적으로 감소시킴으로써 일반 목적의 자기주식 매입에 비하여 합병기업의 공격에 한층 더 큰 어려움을 주게 되어 방어수단으로서의 역할을 할 수 있다고 하였다.

이 외에도 Bagnoli et al.(1989), Denis(1990), Persons(1994) 등은 기업이 매수합병에 대한 방어수단으로 자기주식을 취득하는 것으로 주장하고 있다.

Ⅳ. 잉여현금흐름가설

잉여현금흐름가설(free cash flow hypothesis)이란 기업에서 잉여현금흐름을 자기주식 매입에 사용하여 대리인 비용을 줄임으로써 기업가치를 크게 한다는 가설로서, 최근에 잉여현금흐름의 분배가 자기주식 매입의 주요 동기라는 주장이 제기되고 있다.

Fenn-Liang(1998)은 1984년부터 1995년까지 공개시장을 통한 자사주 매입과 회계자료와의 관련성에 관한 분석결과 자기주식취득규모가 클수록 잉여현금흐름이 감소하는 것으로 나타나 잉여현금흐름이 자기주식취득에 분배되고 있음을 증명하였다. 특히 1996년부터 1997년까지는 기업의 주가가 상당히 높았음에도 불구하고 많은 기업이 자사주 매입을 실시한 것은 단지 정보신호가설로 설명할 수 없는 현상이며, 따라서 자사주 매입의 주요 동기가 저평가가 아니라 잉여현금흐름의 분배라고 하였다. Nohel-Tarhan(1998)은 공개매수를 통해 자기주식을 취득한 기업을 대상으로 영업성과를 이용하여 자사주 매입의 동기인 저평가와 잉여현금흐름의 분배를 비교분석한 결과 자사주 매입 기업의 영업성과의 향상은 토빈Q 비율이 낮은 기업, 즉 저성장 기업에서 두드러지게 나타났다. 즉, 자산매각은 저성장 기업에서는 유의한 정(+)을 보였으나, 고성장 기업에서는 유의하지 않았다. 이는 자사주 매입 후 성과가 좋아진 것은 성과가 나쁜 자산의 매각과 자산의 효율적인 사용에서 기인한 것이며, 이런 결과는 자사주 매입동기가 잉여현금흐름의 분배에 있음을 지지하고 있는 것이라고 하였다. Jagannathan et al.(2000)은 자기주식 매입의 동기를 살펴보기 위해 배당과 자기주식 매입을 비교한 결과 배당은 지속적인 의무가 수반되며 영구적인 현금흐름을 분배하기 위해 사용되는 반면에 자기주식 매입은 일시적인 현금흐름을 분배하기 위해 사용된다고 하였다. 배당과 자기주식 매입은 기업의 업종과 기간에 따라 다르게 사용되고 있으며, 호경기에는 배당보다 자기주식 매입이 증가하고 불경기에는 자기주식 매입이 감소하는 등 경기순환의 영향을 많이 받는다고 하였다. Grullon(2000)은 공개시장을 통한 자사주 매입을 대상으로 분석한 결과 자사주 매입과 시장반응이 정(+)의 관계를 갖는 것으로 나타났다. 이는 자기주식 매입은 주식의 저평가와 관계가 있으며, 배당소득과는 대체관계에 있음을 의미하며, 또한 투자자가 자사주 매입을 통해 잉여현금흐름과 관련된 대리인비용을 감소시키고 있음을 의미한다. Li-McNally(2000)는 캐나다 기업을 대상으로 자사주 매입이 대리인비용의 감소수단으로 이용되는가를 분석한 결과 기업규모가 작고 내부자의 지분율이 높고, 잉여현금흐름이 상대적으로 많은 기업에서 자사주 매입을 이용하는 것으로 나타났다. 이러한 결과는 기업에 대리인 문제를 완화시키기 위해 자사주 매입을 실시한다는 것을 의미한다. Evans et al.(2001)은 자사주 매입 기업이 공시 이후에 잉여현금흐름에서 유의한 증거를 보인다고 하였다. 특히 대기업의 순현금흐름이 소기업보다 상대적으로 크게 증가한 것으로 나타났다. 이러한 결과는 대기업의 경우 잉여현금흐름 분배가 자사주 매입동기라는 것을 지지하고 있는 것이라 하였다.

Ⅴ. 레버리지가설

레버리지가설이란 기업이 부채비율을 증가시키기 위해 자기주식 매입을 이용한다는 가설이다. 즉, 부채를 조달하여 자기주식 매입을 실시하면 부채비율이 증가하고, 내부유보금으로 자기주식을 매입하더라도 자기자본이 감소하여 부채비율이 증가하는 결과가 된다. 부채비율을 조정할 목적으로 자기주식 매입을 이용하는 것은 기업의 자본구조와 관계가 된다. Opler-Titman(1993)은 기업이 최적 부채비율에 도달하기 위해 자기주식 매입을 이용할 수 있다고 하였다. 그래서 현재의 부채비율이 최적 부채비율보다 낮으면 기업은 자기주식 매입을 더 많이 할 것이다. Masulis(1980)는 자기주식 매입에 필요한 자금의 50% 이상을 부채로 조달하는 경우와 50% 이하를 부채로 조달하는 경우로 나누어 분석한 결과 부채비중이 높은 기업의 수익률이 낮은 기업의 수익률보다 높게 나타났는데, 이는 레버리지가설과 일치하는 것이라고 하였다. 이익규·주상룡(2005)의 연구에서는 자기주식 매입비율을 종속변수로 한 토빗(Tobit)분석을 통하여 여유 현금흐름가설과 레버리지가설을 자기주식 매입 동기로 제시하고 있다.

Ⅵ. 배당대체/배당비대체

배당과 자사주 매입은 기업과 투자자 모두의 측면에서 서로 분리하여 생각할 수 없는 중요한 고려사항이 됐다. 최근 들어 미국을 중심으로 자사주 매입의 성과에 관한 연구들 외에도 배당과 자사주 매입을 동시에 고려한 분석결과가 발표되고 있다. 그런데 이들의 주요 관심사는 양자가 서로 대체재인가의 여부이다. 대체재라면 현실적으로 왜 여전히 현금 배당의 비중을 중요시하는가 하는 문제인데, 이에 대한 확실한 결론은 없다.

1. 배당대체가설

Miller & Modigliani(1961)는 세금이나 거래비용 등이 존재하지 않는 완전시장에서는 현금 배당과 자기주식 매입은 완벽한 대체재임을 밝혔다. 또한, 잉여현금을 주주에게 배분함으로써 경영자를 통제할 수 있다고 한 Easterbrook(1984) 역시 현금 배당과 자기주식 매입 중 어떤 방법을 통해 잉여현금을 배분하든지 결과는 달라지지 않는다고 주장했다. Grullon & Michaely(2002)는 지난 20년간 미국기업들의 현금 배당은 계속 감소했지만, 자사주 매입이 꾸준히 증가했기 때문에 전체적인 배당성향이 안정되게 유지되었다고 밝혔다. 이들은 현금 배당감소 공시에 따른 시장의 반응을 보더라도 자사주를 매입하는 기업은 배당감소 공시에 따른 초과수익률이 0과 유의적으로 다르지 않음을 이유로 자사주 매입이 현금 배당과 밀접한 관련을 가지는 대체재라고 주장하고 있다. 이 외에도 김철교(1997), 설원식 외 2인(2005) 등도 배당대체가설을 지지하고 있다.

2. 배당비대체가설

반대로 자기주식 매입과 현금 배당을 동시에 이해하고자 했던 대부분의 연구에서는 현금 배당과 자기주식 매입은 완벽한 대체재가 아니며, 기업이나 주주는 현금 배당 또는 자기주식 매입 중 하나를 보다 선호할 수도 있으며, 기업이 배당과 자기주식 매입을 이용하는 상황은 서로 다르다는 견해들을 제시하였다.

Barclay & Smith(1988)는 정보가 많은 경영자의 자사주 매입 추진은 시장조성자인 스페셜리스트(specialist)의 이익을 감소시키는 것이며, 이는 스페셜리스트로 하여금 자신의 줄어든 이익을 보상받기 위해 스프레드(bid-ask spread)를 늘리게 함으로써 결과적으로 주식의 유동성 감소, 기업의 자본비용 증가, 시장가치의 하락을 야기한다고 주장했다. 이들은 현금배당은 주식의 유동성에 영향을 미치지 않음을 지적하면서, 기업이 왜 자사주 매입 대신 현금 배당을 행하는가는 경영자－주주 간의 정보 격차로부터 발생하는 비용 때문이라고 주장했다. Brennan & Thakor(1990)는 대주주와 소액주주들 간의 정보 불균형 관점에서 접근하여 자사주 매입은 정보가 적은 소액주주로부터 정보가 많은 대주주에게로 부(wealth)의 이전을 초래한다고 설명했다. 주주들은 각자가 보유한 정보의 양이 다르며, 정보수집은 고정비용을 수반하기 때문에 대주주가 소액주주에 비해 정보를 얻으려는 유인이 더 클 수 있다. 기업이 소액의 잉여이익을 자사주 매입 형태로 주주에게 분배하는 경우 소액주주들은 비용을 수반하는 정보수집을 할 수 없다. 따라서 정보가 적은 소액주주들은 주식을 매도할 것이냐, 보유할 것이냐를 결정하기 힘들기 때문에 세금 측면에서 불리함에도 불구하고 현금 배당을 선호한다. 반면, 분배되는 이익의 규모가 커지면 보다 많은 주주들이 정보를 가지게 되며, 이 경우에는 세금 측면에서 유리한 자사주 매입을 보다 선호하게 된다고 주장하였다. Allen et al.(2000)은 왜 일부 기업들이 자사주 매입보다 현금 배당을 선호하는가를 배당이 가진 신호효과 측면에서 밝히고자 하였다. 정보 불균형 모델에 의하면 배당은 시장에 기업의 경영성과가 양호하다는 신호를 보내는 것이며, 개인투자자보다 낮은 세율을 적용받는 기관투자자는 기업의 현황을 검토한 후 현금 배당이 많은 기업에 투자한다. 상대적으로 정보력이 뛰어난 기관투자자들이 주주로 참여할 경우, 전문경영자를 감시하고 견제함으로써 기업가치를 증대시킬 수 있기 때문에 주주들은 기업의 품질에 대한 신호를 시장에 보내기 위해 배당에 따른 세금을 기꺼이 부담한다는 것이다.

Jagannathan et al.(2000)은 기업의 잉여현금흐름 형태나 경기순환과 같은 요소가 기업의 이익 분배 방법에 영향을 준다는 가설을 제기했다. 즉, 현금 배당은 매기 일정한 배당을 유지해야 하는 의무가 수반되기 때문에 주로 안정된 잉여현금흐름을 분배하기 위해 사용되는 반면, 자사주 매입은 일시적인 잉여현금이 발생한 경우 이를 분배하는 수단으로 사용된다는 것이다. 따라서 영업이익은 배당과 깊은 관련성을 가지고 있으며, 영업 외 이익은 자사주 매입과 관련성이 높다는 것을 보여주었다. 또, 호경기에는 배당보다 자사주 매입을 증가시키는 반면, 불경기에는 자사주 매입을 많이 감소시킨다는 사실을 발견했다. 이 역시 기업이 우선 안정된 배당을 유지하고 추가적인 이익이 발생하는 경우 자사주를 매입한다는 가설과 일맥상통하는 결과이다. Baker et al.(2002)은 현금 배당과 자사주 매입이 다음과 같은 측면에서 서로 다른 효과를 가진다고 정리했다. 첫째, 세금 측면에서는 자사주 매입이 기업의 현금을 주주에게 이전하는 보다 효율적인 방법이다. 둘째, 자사주 매입은 투자자가 자신의 지분을 현금으로 바꿀 것인지 그대로 보유할 것인지에 대한 선택권을 준다. 이때, 정보를 가진 투자자라면 주식이 고평가되었을 경우에만 매도할 것이므로 정보가 많은 투자자들은 배당보다 자사주 매입을 선호하는 반면, 정보가 없는 투자자들은 배당을 선호한다. 셋째, 현금 배당과 자사주 매입은 수반된 신호효과가 다르다. 기업은 안정된 배당을 유지하려는 경향이 있으므로 초과현금흐름이 지속적인 경우에는 배당을 증가시키는 반면, 일시적인 경우에는 자사주를 매입한다. 넷째, 자사주 매입은 기업의 소유구조에 영향을 미치기 때문에 적대적 M&A나 지배구조 조정을 위해서도 사용되지만, 현금 배당은 소유구조에 영향을 미치지 않는다.

이처럼 기존 연구에서는 대부분이 자기주식의 취득에 따른 재무관계의 변화를 분석하는 자기주식취득 동기(목적)에 대한 연구이나, 본 연구는 이와는 반대로 자기주식취득을 결정하는 데 영향을 미치는 주요 요인(재무요인)이 무엇인가를 밝히고자 한다.

제2절 가설 및 모형의 설정

Ⅰ. 가설의 설정[25]

본 연구에서는 기업이 재무전략상 자기주식을 취득하는 데 있어서 결정적인 영향을 미치는 사전적 의사결정 요인을 규명하기 위해 다음과 같이 가설을 설정하고, 관련 의사결정변수를 정의한다. 본 연구의 특성상, 종속변수인 자기주식의 취득규모는 신고연도, 설명변수인 재무의사결정 요인들은 자기주식취득신고 전년도를 기준으로 한 수치를 사용한다.

1. 기업의 저평가

자본구조이론에 의하면 기업이 부채자본을 조달하여 자기주식을 취득하는 경우 자기주식취득으로 인한 기업의 가치는 자본구조의 변경으로 인하여 감세효과만큼 증가한다. 즉, M&M(Miller and Modigliani)

---

25) 주석배·소재환, 2013.

이론에 의하면 기업의 가치는 세후영업이익을 가중평균자본비용으로 할인함으로써 결정되는데, 기업의 부채비율이 증가하게 되면 조세효과(조달부채×법인세율)에 해당되는 만큼 주주 및 채권자에게 귀속되는 이익이 증가하여 기업가치는 "영구적인 매년의 감세효과의 현가"가 된다는 것이다. 즉, 기업가치는 영업이익흐름과 부채의 사용 정도에 따라 결정되기 때문에 자본구조가 변하더라도 세후영업이익(EAT)이 변하지 않는 한 변하지 않는다.

그런데 우리나라에서는 기업이 자기주식을 취득하고자 하는 경우에 부채자본을 조달하여 자기주식을 취득하는 것이 아니라, 취득재원을 배당가능이익의 범위로 규정하고 있기 때문에, M&M이론에 의하면 자기주식을 취득하는 경우에도 기업가치에는 영향을 주지 않는다. 하지만 일정한 금액으로 자기주식을 취득한다고 할 때 시장주가와 본질가치의 괴리에 따라 취득할 수 있는 유동주식수(N)는 달라질 수 있다. 즉, 시장주가가 본질가치와 일치할 때에는 유통주식수에는 변화가 없다. 그러나 시장가격이 본질가치보다 큰 경우에는 적은 자기주식을 매입하기 때문에 유통주식수는 주가와 본질가치와의 차이만큼 감소하지 않는다. 그러나 주가가 본질가치보다 작은 경우에는 더 많은 자기주식을 매입할 수 있기 때문에 유통주식수는 더 감소한다.[26] 이처럼 기업의 가치가 저평가되었을 경우 동일한 재원으로

---

26) ①: 주가=본질가치: N주→잔여주식수=M-N
　　②: 주가>본질가치: N-X주→잔여주식수=M-N+X
　　③: 주가<본질가치: N+X주→잔여주식수=M-N-X 이에 따라
　　EPS ②<EPS ①<EPS ③
　　그리고 주주순이익을 할인하는 자기자본비용(C)은 M&M이론에 따라 모두 동일(①=②=③)하게 된다. 따라서 1주의 가격이 변화한다.

$$\frac{EPS\ ⓛ}{C} < \frac{EPS(ⓒ)}{C} < \frac{EPS(ⓒ)}{C}$$

더 많은 자기주식의 취득이 가능해짐으로써 유통주식수가 더 감소하여 1주당순이익(EPS)은 상승하게 된다. 이처럼 시장가치와 본질가치의 차이에 따라서 자기주식취득규모가 결정되기 때문에 기업의 저평가는 자기주식의 취득규모를 결정하는 요인이 된다. 그런데 기업가치의 저평가는 시장가치(MV)에서 장부가치(BV)를 차감하였을 때 음(-)의 값을 갖는다. 이는 기업가치가 저평가될수록 기업가치 평가차이가 음(-)의 방향으로 수치가 커진다는 것을 의미한다. 따라서 다음과 같이 가설을 설정한다.

> 가설 1) 기업가치가 저평가될수록 자기주식취득규모를 증가시킬 것이므로 기업 저평가와 자기주식취득규모와는 부(-)의 관계가 있다.

시장가치와 본질가치와의 차이를 이용하여 기업가치를 평가한다. 여기에서 시장가치는 유가증권시장에서 형성된 주가를 기준으로 한다. 기업의 본질가치는 자산가치와 수익가치를 감안한 기업의 내재가치를 말한다. 금융감독원의 「유가증권 인수업무에 관한 규정」에서는 본질가치를 다음과 같이 계산한다. '주당순자산가치'란 기업의 순자산을 발행 총주식수로 나눈 것이다. 기업이 갖고 있는 부동산 현금 유가증권 등을 통틀어 가격화한 것을 주식수로 나눈 것이다. 수익가치는 향후 영업활동 등을 통해 기업이 올릴 수 있는 이익을 가격으로 나타낸 것으로, 향후 2개 사업연도 동안의 1주당추정이익을 자본환원율(capitalization rate)[27]로 나눈 것이다. 그리고 '본질가

⇒ 1주 가격(ⓛ)<1주 가격(㉠)<1주 가격(ⓒ)

27) 자본환원율은 2012년 10월 산업(3.2), 기업(3.1), 신한(3.1), SC제일(3), 하나(3.3)은행 등 5개 시

치'는 자산가치와 수익가치를 1:1.5로 가중 평균하여 그 주식의 값 어치를 산출하고 이를 2.5가중치로 나눈 것이다. 그러나 본 연구에 서 자산가치는 전년도를 기준으로 하고, 수익가치는 향후 2개 사업 연도 대신 자기주식취득 시점을 기준으로 하여 전년도와 신고연도의 2 개 사업연도의 1주당순이익을 추정이익으로 하였다. 이처럼 기업가치 평 가차이(MV_BV_{t-1})를 식(4-1)과 같이 정의한다.

$$MV\_BV_{t-1} = MV_{t-1} - BV_{t-1} \quad\cdots\cdots\cdots\cdots\cdots\cdots\cdots\cdots (4\text{-}1)$$

$$MV_{t-1} = (PH_{t-1} + PL_{t-1})/2$$

$$BV_{t-1} = (PBS_{t-1} + EPS_{t,t-1})/2.5$$

$$PBS_{t-1} = (TOA_{t-1} - TOB_{t-1} - ITA_{t-1})/N_{t-1}$$

$$EPS_{t,t-1} = [(EPS_t + EPS_{t-1})/2]/CRCR]*1.5$$

MV_BV_{t-1}	: 전년도의 기업가치 평가차이	$EPS_{t,t-1}$	: 전년도와 신고연도 수익가치
MV_{t-1}	: 전년도의 시장가치	TOA_{t-1}	: 전년도의 총자산
PH_{t-1}	: 전년도의 12월 중 주가 고가	TOB_{t-1}	: 전년도의 부채합계
PL_{t-1}	: 전년도의 12월 중 주가 저가	ITA_{t-1}	: 전년도의 무형자산
BV_{t-1}	: 전년도의 본질가치	N_{t-1}	: 전년도 총발행주식수
PBS_{t-1}	: 전년도의 1주당순자산가치	$CRCR$	: 자본환원율(2012)

〈표 4-1〉 시중은행 정기예금 금리

은행	상품	1개월	3개월	6개월	12개월	24개월	36개월
국민	e-파워정기예금	2.4	3.1	3.5	4.1	-	-
부산	꽃보다당신정기예금	-	-	-	3.95	-	-
대구	e-편한정기예금	3	3.45	3.55	3.85	4	4.05

중은행의 1년 만기 정기예금금리의 평균 금리를 이용하며, 평균금리는 3.14%이다.

광주	플러스다모아예금	2.4	3.1	3.4	3.8	3.85	3.85
외환	e-파트너정기예금	2.6	3.2	3.4	3.8	4	4
농협	채움정기예금	2.6	2.99	3.2	3.61	3.67	3.65
우리	징검다리정기예금	-	-	-	3.5	-	-
수협	사랑해정기예금	2.15	2.75	3.05	3.45	3.45	3.45
제주	일반정기예금	2	2.4	2.6	3.3	3.6	3.6
하나	고단위플러스 금리확정형	1.8	2.5	2.7	3.3	3.4	3.5
산업	자유자재정기예금/다모아맞춤정기예금	2.8	3	3.1	3.2	3.5	3.7
기업	실세금리정기예금	2.1	2.4	2.8	3.1	3.3	3.4
신한	MINT정기예금	1.7	1.9	2.3	3.1	3.25	3.35
SC제일	퍼스트정기예금(기본 이율)	2.2	2.5	2.7	3	3.2	3.5
전북	정기예금	2	2.5	2.5	3	3.1	3.2
경남	마니마니정기예금	1.9	2.2	2.6	2.9	3	-
한국씨티	자유회전예금	1.8	2	2.2	2.6	2.7	2.8

※ 10월 7일 현재.

자료: http://www.blog.netster.co.kr/detail.php?number(2012.10.13).

2. 잉여현금흐름

기업이 자기주식의 매입을 확대하는 원인은 자사제품 관련 시장의 규모의 확대에 따른 수익의 급속한 확대로 막대한 이익이 주주자본 계정에 축적되는 한편, 현금·예금 등 대규모 이익을 내지 못하는 유동성 자금이 팽창하여 자본효율이 저하되었기 때문이다. 따라서 전년도의 잉여현금흐름(free cash flow to Assets: FCFA)이 많은 기업일수록 신고연도에 자사주 매입을 확대 실시할 가능성이 크다. Stephens and Weisbach(1998)와 Fenn and Liang(1998)의 연구에서도 자기주식의 매입은 잉여현금흐름의 정도와 정(+)의 관계가 있는 것으로 나타났다. Evans et al.(2001)은 잉여현금흐름은 부채비율을 줄이거나 배당을 늘리거나 추가자본투자를 실시하거나 또는 자사주 매입에 이용될 수 있다고 하였다. 또한, Grullon(2000)은 기업의 유망한 정보에 따라 자사주 매입을 실시한다기보다 잉여현금흐름과 관련된 잠재적인 대리인 비용을 감소시킬 목적으로 자사주 매입을 실시한다고 하였다. 따라서 잉여현금흐름은 기업이 자기주식취득에 대한 의사결정 요인이라고 볼 수 있으므로 다음과 같이 가설을 설정한다.

> 가설 2) 잉여현금흐름 비율이 높을수록 자기주식취득규모를 확대시킬 것이므로 잉여현금흐름 비율은 자기주식취득규모와 정(+)의 관계가 있다.

현금흐름을 측정하는 방식은 상당히 다양하다. Kaplan(1989)은 잉여현금흐름(FCF)으로 영업이익과 감가상각비(depreciation cost)를 더한 금액을 기준으로 하고 있다. 그러나 본 연구에서는 Kaplan(1989)의 측정 방법에서 무형자산상각비와 대손상각비를 추가하여 현금흐름을 계산하였다. 또한, 분석대상 기업의 규모 차이 문제를 해소하기 위해 식(2)에서와 같이 신고 전년도 잉여현금흐름을 총자산으로 나눈 비율로 한다. 따라서 잉여현금흐름 비율($FCflow_{t-1}$)을 식(4-2)과 같이 정의한다.

$$FCflow_{t-1} = \frac{EBIT_{t-1} + DECO_{t-1} + IADC_{t-1} + BDE_{t-1}}{TOA_{t-1}} \quad \cdots\cdots\cdots\cdots (4\text{-}2)$$

$FCflow_{t-1}$: 전년도의 잉여현금흐름 비율 $IADC_{t-1}$: 전년도의 무형자산상각비

$EBIT_{t-1}$: 전년도의 법인세 공제 전 영업이익 BDE_{t-1} : 전년도의 대손상각비

$DECO_{t-1}$: 전년도의 감가상각비 TOA_{t-1} : 전년도의 총자산

3. 투자자산 수익률

기업이 수익확대로 인해 이익이 주주자본 계정에 축적되는 한편,
현금·예금 등 대규모 이익을 내지 못하는 유동성 자금과 장기투자
자산의 확대로 인해 자본효율이 저하될 수 있다. 또한, 주주들로부
터는 이익환원에 대한 요구가 강해져 압박을 받게 될 것이다. 더욱
이 주주자본이 계속 팽창하게 되면 기업은 수익을 가져오는 투자기
회를 발굴하지 않으면 ROE는 저하될 수밖에 없게 되고, 더 나아가
기업의 성장이 영원히 지속될 수 없게 된다. 그래서 분모가 되는 사
본의 팽창을 억제하기 위해 기업은 설비투자에 따른 예상수익보다
자기주식취득이 유리하다고 판단되거나 또는 마땅한 투자대상이 없
는 경우에는 자기주식을 투자수단으로서 취득하거나 또는 자기주식
을 매입하여 분모가 되는 자본의 팽창을 억제함으로써 ROE를 높이
는 방안을 고려할 수밖에 없다. 예를 들면, 미국의 경우 1984년 이
전에는 회사의 잉여자금으로 자기주식 매입 외에 유용한 투자를 할
수 없고 성장전망이 그리 좋지 않다는 것을 회사가 인식하였기 때문
에 자기주식을 매입하는 경향이 있었다. 또한, 1996년에 인텔과 마
이크로소프트는 공히 주주자본이익률(ROE)이 35%를 달성하였다.
그런데 내부유보의 축적으로 주주자본이 계속 팽창한 결과 35% 이
상의 수익(return)을 가져오는 투자기회를 상시 발굴하지 않으면
ROE의 저하는 피할 수 없는 사태에 직면하게 되었다. 그래서 자기
주식을 매입하여 분모가 되는 자기자본의 규모를 축소시키기 위해
자기주식을 취득하기 시작하였다. 이처럼 투자자산수익률의 저하도
자기주식취득을 결정하고, 또한 규모를 결정하는 요인이라고 볼 수

있다. 따라서 다음과 같은 가설을 설정한다.

가설 3) 투자자산수익률이 감소하면 자기주식취득규모를 증가시
킬 것이므로 투자자산수익률과 자기주식취득규모는 부(-)
의 관계가 있다.

그런데 재무관리에서 보면 투자수익률(ROI)은 총자산수익률에 해
당된다. 그러나 여기에서는 기업의 유형자산과 비영업활동에 투자된
자산 중 투자수익 목적으로 하는 증권자산을 중심으로 투자자산수
익률($INVE_{t-1}$)을 식(4-3)과 같이 정의한다.

$$INVE_{t-1} = \frac{NP_{t-1}}{FIAS_{t-1} + CFDC_{t-1} + Secur_{T-1} + ISecur_{t-1} + \in CA_{t-1}} \quad \cdots\cdots \ (4\text{-}3)$$

$INVE_{t-1}$: 전년도의 투자자산수익률 $\qquad Secur_{t-1}$: 전년도의 시장유가증권 잔액

NP_{t-1} : 전년도의 당기순이익 $\qquad ISecur_{t-1}$: 전년도의 투자유가증권 잔액

$FIAS_{t-1}$: 전년도의 유형자산 잔액 $\qquad INCA_{t-1}$: 전년도의 출자금 잔액

$CFDC_{t-1}$: 전년도의 유형자산 감가상각 누계액

4. 경영권보호

자본 자유화의 진전에 따라 외국인의 국내증권에의 직접투자가
허용됨에 따라 국내기업의 외자조달이 용이하게 된 반면, 외국인에
의하여 국내기업이 경영권의 침해를 받을 우려가 있다. 특히 지배주
주의 주식소유비율이 낮아지는 경우 경영권의 위협은 물론이고, 장
기적으로는 국내외의 대규모 자본이 증권시장에서나 공개매수 등에

의하여 기업의 소유 및 지배권을 탈취하려고 시도할 것이다. 그러나 기업은 주식분산에 따라 낮아진 지배주주의 소유비율로는 기업의 경영권을 방어하기에는 어려움이 있을 수 있다. 이때 회사는 재무정책의 일환으로 자기주식의 취득을 통하여 경영권의 위협에 용이하게 대처할 수 있기 때문에, 기업의 경영권보호 대비책으로서의 자기주식취득은 상당한 의의가 있다. 따라서 다음과 같은 가설을 설정한다.

> 가설 4) 지배주주지분비율이 낮을수록 경영자는 자기주식취득규모를 늘릴 것이므로 지배주주지분비율과 자기주식취득규모와는 부(-)의 관계가 있다.

지배주주지분비율의 정의는 다양하다. 우리나라의 경우 지배주주의 범위가 법인세법과 "금융투자업과 자본시장에 관한 법률(자본시장통합법)"에서 규정하고 있다. 여기에서는 자본시장통합법을 기준으로 하여 지배주주주식소유비율(OWN_{t-1})을 식(4-4)과 같이 정의한다.

OWN_{t-1}＝본인 지분＋친인척 지분＋계열회사 및 재단의 소유 지분＋특수관계인 임원의 지분＋특수관계인이 본인인 경우의 임원지분＋공동행위 지분 ··· (4-4)

5. M&A의 방어

대주주의 지분비율이 낮아지는 경우 장기적으로는 국내외의 대규모 자본이 증권시장에서나 공개매수 등에 의하여 기업의 지배권을 탈취하려고 시도할 것이다. 더욱이 최근에 와서는 우리나라 M&A 시장도 확대되어 가고 있는 실정이다. 따라서 기업은 주식분산에 따라 낮아진 지분비율로는 적대적 M&A를 방어하기에는 어려움이 있을 수 있다.

더욱이 최근에는 기업의 규모가 커짐에 따라서 주주의 수가 많이 증가되었고, 분산이 잘 이루어지고 있다. 따라서 기업의 규모가 클수록 작은 소유비율로서 경영권을 확보할 수 있고, 또한 기업매수가 가능할 수 있다. 그러나 대기업의 경우 기업규모가 클수록 낮은 비율의 주식을 취득하는 경우에도 지배주주가 추가 자본을 투자하여 주식을 확보하는 데는 자금 사정상 어려움이 많다. 따라서 매수사냥꾼(raiders)의 표적이 된 회사는 매수 대상 기업으로서의 매력이 있는 보유잉여자산을 담보로 제공하여 차입하거나 동 자산을 매각하여 조달한 자금으로 자기주식을 취득하여 매수 대상 기업으로서의 매력을 없애고 유통주식수를 감소시켜 적대적 기업매수에 대응하는 것이 효율적일 수 있다. 그 때문에 기업규모가 큰 기업인 경우 자기주식을 취득할 요인이 발생한다. 따라서 다음과 같은 가설을 설정한다.

가설 5) 기업규모가 클수록 낮은 비율의 주식 취득에도 많은 자본이 필요하기 때문에 기업규모와 자기주식취득규모는 정(+)의 관계가 있다.

기업의 규모를 나타내는 지표로는 총자산, 매출액, 자기자본 등 많은 지표가 있으나, 여기에서는 경영권과 연관된 기업규모지표로 식(4-5)과 같이 전년도 총자산에 로그(log)를 취한 값으로 정의한다.

$$LOGta_{t-1} = LOG(총자산) \quad\cdots\cdots\cdots\cdots\cdots \quad (4\text{-}5)$$

6. 재무위험(Leverage)

재무레버리지 효과는 영업이익증가율과 주당이익증가율의 비율로써 나타낼 수 있다. 자기주식의 취득에 의한 레버리지의 증가는 재무레버리지 효과로 인하여 주주이익의 변동 가능성이 증가된다. 그때문에 재무레버리지 효과를 계량화한 재무레버리지도가 커진다는 것은 영업이익률의 변화에 비해 주당순이익의 변화율이 크다는 것을 의미한다. 따라서 레버리지도(DFL)가 높은 기업일수록 레버리지위험이 높기 때문에 기업은 전년도의 재무레버리지도가 높을수록 신고연도에 자기주식 매입을 통해 유통주식수를 줄임으로써 1주당순이익(EPS)을 안정시키려고 할 것이다. 따라서 다음과 같은 가설을 설정한다.

가설 6) 재무레버리지도가 큰 기업일수록 자기주식취득규모를 확대할 것이므로 재무레버리지도와 자사주취득규모와는 정(+)의 관계가 있다.

그런데 재무레버리지도(degree of financial leverage: DFL)는 재무레버리지 효과를 계량화한 것이며, 이는 영업이익의 변동에 따른 EPS 승수를 말한다. 따라서 레버리지도는 식(4-6)과 같이 정의한다.

$$DFL_{t-1} - \frac{\Delta EPS_{t-1}}{EPS_{t-1}} \Big/ \frac{\Delta EBIT_{t-1}}{EBIT_{t-1}} = \frac{EBIT_{t-1}}{EBIT_{t-1} - C_{t-1}} \quad\cdots\cdots\cdots\cdots \quad (4\text{-}6)$$

DFL_{t-1} : 전년도의 재무레버리지도　　$\Delta EBIT_{t-1}$: 전년도의 세공제 전 영업이익 증가분

ΔEPS_{t-1} : 전년도의 1주당순이익 증가분　$EBIT_{t-1}$: 전년도의 세공제 전 영업이익

EPS_{t-1} : 전년도의 1주당순이익　　　C_{t-1} 　　 : 전년도의 이자비용

7. 괴리율($EBIT - BP$)

재무레버리지(EBIT-EPS) 분석에서 2개의 투자안에서 1주당이익이 동일한 점을 자본조달분기점(Break-even point of financing: BP)이라고 한다. 따라서 자기주식을 취득한 후와 자기주식을 취득하기 이전의 EPS가 동일한 자본조달분기점(BF)을 찾아내어 기업의 영업이익이 자본조달분기점으로부터 괴리된 비율을 분석하면 경기변화에 따른 기업의 자기주식취득여건을 분석할 수 있다. 이처럼 두 가지 자본조달계획의 EPS를 같게 하는 자본조달분기점을 찾아낸다면 자사주취득으로 인한 EPS의 개선 여부를 알 수 있다. 따라서 자본조달분기점(BP)과 EBIT의 괴리율은 자기주식취득 여부를 결정하는 요인이 될 수 있다. 즉, 괴리율($EBIT - BP$)이 크면 EPS가 개선된다. 그러나 괴리율이 작아 EPS 개선이 어려우면 자기주식취득을 통해 EPS를 개선하려고 할 것이다. 따라서 다음과 같은 가설을 설정한다.

가설 7) 괴리율이 작을수록 자기주식취득규모를 확대시킬 것이므로 괴리율과 자기주식취득규모는 부(-)의 관계가 있다.

그런데 자본조달분기점(BF)은 다음과 같은 식으로 구할 수 있다. 여기에서는 자본조달분기점을 계산하기 위해 제1투자안에서의 발행

주식수는 전년에 보유하고 있는 자기주식을 공제한 유통주식수를, 제
2투자안에서의 발행주식수는 전년의 유통주식수에서 당해 연도에 신
고한 자기주식수를 공제한 유통주식을 발행주식수로 사용하였다. 이
와 같이 신고 전년도의 자본조달분기점의 계산식은 식(4-7)과 같다.

$$\frac{(A-I_1)(1-T)}{n_1} = \frac{(A-I_2)(1-T)}{n_2} \quad A = \frac{n_1 I_2 - n_2 I_1}{n_1 - n_2} \cdots\cdots\cdots (4\text{-}7)$$

$A\ :\ EBIT \qquad I_1,\ I_2 \qquad$: 각각의 자본조달계획에 따른 고정재무비용
$T\ :$ 법인세율 $\qquad n_1,\ n_2 \qquad$: 각각의 자본조달계획에 따른 발행주식수

그리고 신고 전년도의 영업이익이 자본조달분기점(BP)으로부터
괴리된 비율인 괴리율($EBIT-BP$BF)은 식(4-8)과 같이 정의한다.

$$EBBP_{t-1} = (\,EBIT-BF)/\,EBIT \cdots\cdots\cdots (4\text{-}8)$$

8. 배당수익률

기업은 잉여현금흐름이 발생했을 경우 재투자에 필요한 부분을
제하고, 나머지의 현금을 주주들에게 분배하는 형태를 크게 두 가지
로 구분한다. 하나는 전통적인 배당(dividends) 제도이고, 다른 하나
는 자사주 매입(stock repurchase) 제도이다. 그런데 자기주식을 취득
하기 위해서는 기업 내 유보가 있어야 하며, 자기주식의 취득 확대
를 위해서는 유보의 확대가 요구된다. 그 때문에 유보금액은 배당지
급액이 감소한 만큼 증가하게 된다. 그리고 유보가 증가하여 수가가

상승하면 배당수익률은 감소한다. 따라서 다음과 같은 가설을 설정한다.

가설 8) 배당수익률이 감소하면 자기주식 규모를 확대할 수 있으므로 배당수익률과 자기주식취득규모는 부(-)의 관계를 갖는다.

그런데 여기에서 이용되고 있는 배당수익률은 기업에서 발표하고 있는 배당수익률로서 배당금을 시가로 나누어 산출한다. 이때 기업에서 작성된 주가는 주주명부 폐쇄일의 제2매매거래일 전부터 과거 1주일간 유가증권시장에서 형성된 최종 시세가격을 산술평균가격으로, 이를 나타낸 것이 식(4-8)이다.

$$ROD_{t-1} = \frac{D_{t-1}}{P_{t-1}} \times 100 \quad\cdots\cdots\cdots\cdots\cdots\cdots\cdots\cdots \quad (4\text{-}9)$$

ROD_{t-1} : 전년도의 배당수익률 D_{t-1} : 전년도의 주식의 시장가격
P_{t-1} : 주주명부 폐쇄일의 제2매매거래일 전부터 과거 1주일간 종가의 산술평균가격

Ⅱ. 모형의 설정

일반적으로 패널데이터 분석은 ① 기업의 개별효과와 시간가치의 효과를 고려하지 않는 분석모형(pooled estimation model), ② 개별기업의 특성을 구별하기 위해 특정가변수를 이용하여 효과를 분석하는 모형(Firm fixed effect model), ③ 개별기업이 특성을 구별하기 위

해 특정가변수가 일정한 분포를 가지고 변화한다고 가정하여 분석하는 모형(Random effect model)의 세 가지 방법이 있다. 그런데 본 연구는 자기주식의 취득을 결정하는 데 있어서 어떠한 사전적 재무전략적 의사결정 요인이 주로 영향을 미치고 있는가를 규명하고자 2005년부터 2011년까지의 기간에 자기주식취득신고서를 제출한 기업들의 신고 당해 연도의 자기주식취득 수량과 전년도 재무자료를 모아서(pooling) 분석하였다. 따라서 여기에서는 pooled estimation model을 이용하여 분석한다.

이에 따라 자기주식취득 신고연도(t)를 기준으로 할 때, 선년노(t-1)의 기업의 재무변인이 신고 당해 연도(t)의 자기주식취득규모를 결정한다는 전제하에, 앞 절에서 제시된 가설과 함께 선정된 재무전략적 의사결정 요인들을 바탕으로 식(10)과 같은 모형을 설정하였다. 즉, 자기주식취득의 의사결정 요인인 신고 전년도의 잉여현금흐름 비율($FCflow$), 기업가치 평가차이(MV_BV), 지배주주 비율(OWN), 투자자산수익률($INVE$), 기업규모($LOGta$), 재무레버리지도(DFL), 괴리율($EBBP$), 배당수익률(ROD) 등은 설명변수, 유동비율(DR)은 조정변수로 하고, 신고연도의 자기주식취득 신고금액($LOGrep$)은 종속변수로 하여 식(10)과 같이 횡단면 분석모형을 설정하였다. 패널(panel)분석이 아닌 횡단면 회귀분석 모형을 설정한 이유는 해당 검증자료들을 이벤트(event) 중심으로 pooling하여 사용한 특성에 따른 것이다(주석배·소재환, 2013).

$$LOGrep_{it} = a_i + \beta_1 FCflow_{it-1} + \beta_2 MV\_BV_{it-1} + \beta_3 OWN_{it-1} + \beta_4 LOGta_{it-1}$$
$$+ \beta_5 INVE_{it-1} + \beta_6 DFL_{it-1} + \beta_7 EBBP_{it-1} + \beta_8 ROD_{it-1}$$
$$+ \beta_9 DR_{it-1} + e_i \quad \cdots\cdots\cdots\cdots\cdots\cdots\cdots\cdots\cdots \quad (4\text{-}10)$$

a_i	: 상수
$LOGrep_{it}$	: i 기업의 신고연도의 자사주취득신고금액
$FCflow_{it-1}$	: i 기업의 전년도의 잉여현금흐름비율
MV_BV_{it-1}	: i 기업의 전년도의 기업가치 평가차이(시장가치-본질가치)
OWN_{it-1}	: i 기업의 전년도의 지배주주의 주식소유비율
$LOGta_{it-1}$	: i 기업의 전년도의 자산총계
$INVE_{it-1}$	: i 기업의 전년도의 투자자산수익률
DFL_{it-1}	: i 기업의 전년도의 재무레버리지도
$EBBP_{it-1}$	: i 기업의 전년도의 EBIT와 BP의 괴리비율
ROD_{it-1}	: i 기업의 전년도의 배당수익률
DR_{it-1}	: i 기업의 전년도의 유동비율

자기주식취득의 의사결정 요인 실증분석

제1절 분석대상 및 분석자료

　자기주식취득의 의사결정 요인분석을 위한 분석대상 기간은 2005 년부터 2011년까지 7개년으로 하였다. 동 기간 중에 자기주식을 유가증권시장에서 직접 취득하기로 공시한 기업은 371개 기업으로 총 515건으로, 이들 기업은 정부 당국에 자기주식취득신고를 제출하였다. 그런데 자기주식을 취득하고자 신고서를 제출한 기업은 다양한 업종으로 구성되어 있어 그 업무의 성격이나 재무자료 작성 방법이 다르기 때문에 상호 비교하는 데는 한계가 있다. 그 때문에 분석에 있어 분석대상 기업의 동질성을 유지하기 위하여 금융, 건설, 보험, 지주회사, 카드 등 재무제표 작성상 성격이 다른 업종은 제외하고, 재무제표 구조가 비슷한 제조업과 도매업을 주요 분석대상으로 하였다. 또한, 분석에 필요한 재무자료를 확보할 수 없거나 자료가 불충분한 기업의 경우도 역시 분석대상에서 제외하였다. 또한, 같은 해에 동일회사가 수회에 걸쳐 취득신고서를 제출한 경우에는 신고 횟수와 관계없이 동일 년도의 취득신고서를 1건으로 인정하여 신고한 주식수를 합산하여 자기주식취득예정주식수를 계산하였다. 그러나 동일회사가 연도별로 취득신고서를 달리 제출한 경우에는 연도별 신청건수를 각 1건으로 하여 각각을 개별분석대상으로 하였다. 이처럼 7년간의 자기주식취득신고서를 제출한 회사별 자료는 각기 신고연도를 기준으로 하여 자기주식취득신고 수량을 파악하였으며, 전년도의 재무자료 및 기업상황을 의사결정 요인을 분석하는 자료로 활용하였으며, 이렇게 추출된 자료를 풀링(pooling)한 165개 기업의 288건을 분석대상으로 확정하였다.

또한, 주가, 주주 및 재무 관련 자료는 증권감독원 전자공시시스템의 사업보고서에서 원시자료를 추출·가공한 자료를 사용하였으며, 자기주식취득규모는 기업이 한국거래소에 제출한 자기주식취득신고서의 자기주식 예상취득금액을 기준으로 하였다.

제2절 자기주식취득과 의사결정 요인의 분석 결과[28]

Ⅰ. 의사결정 요인의 분석결과

본 연구의 표본기업의 변수별 기초통계량을 보면, 자기주식취득 규모($LOG\,rep_t$)는 평균이 9.9192, 기업가치 평가차이(MV_BV_{t-1})는 평균이 -58,656원이다. 이 외는 <표 5-1>에서 보는 바와 같다.

〈표 5-1〉 전체 표본기업의 변수별 기초통계량

구분	표본 수	최솟값	최댓값	평균	중위수	표준편차
$LOG\,rep_t$	288	8.0204	12.2833	9.9192	9.7386	0.8667
MV_BV_{t-1}	288	-1,343,374	156,295	-58,656	-12,348	156,861
$FCflow_{t-1}$	288	-0.1526	0.8659	0.1060	0.0923	0.0997
OWN_{t-1}	288	0.0003	6.3456	0.3408	0.3119	0.3885
$INVE_{t-1}$	288	-0.1427	0.7482	0.0934	0.0738	0.0958
$LOGta_{t-1}$	288	2.3222	7.7898	5.7334	5.4658	0.8077
DFL_{t-1}	288	-17.8563	173.0000	1.6787	1.1013	10.2826
$EBBP_{t-1}$	288	-19.8875	19.3598	0.6854	0.8900	1.9838
ROD_{t-1}	288	0.00	24.05	2.4123	1.92	2.2757
DR_{t-1}	288	0.1807	34.04	2.2411	1.5226	3.1899

---

28) 주석배·소재환, 2013.

그리고 독립변수 간에 독립성 여부를 판단하기 위해 Pearson 상관
분석을 한 결과 <표 5-2>에서 보는 바와 같이 소수의 변수 간에 상
관성이 있는 것으로 나타나, 설명변수 간의 독립성 여부를 보다 체계
적으로 검정하기 위해 공차한계(tolerance) 및 분산팽창요인(variance
inflation factor: VIF) 분석을 통해 다중공선성(multicollinearity)분석을
하였다. 그 결과 <표 5-3>에서 보는 바와 같이 독립변수들의 VIF
의 값은 1.0에서 1.8 수준으로 10 이하이며, Tolerance 값(최댓값 1)
은 0.58에서 0.99 사이로 0.2보다 크게 높은 수치를 보이고[29] 설명
변수 간에는 상호 독립적이라고 볼 수 있다.

한편, 수정 R^2이 0.748로 선형관계를 잘 설명하고 있는 것으로
나타났다. 따라서 자기주식취득에 대한 의사결정 요인과 주식취득규
모와의 관계를 분석한 결과를 보면 다음과 같다.

<표 5-2> 자기주식취득규모와 의사결정 요인의 상관분석결과

구분	LOGrep	MV_BV	FCflow	INVE	OWN	LOGta	DFL	EBBP	ROD	DR
LOGrep	1									
MV_BV	-0.403** (0.000)	1								
FCflow	0.321** (0.000)	-0.194** (0.000)	1							
INVE	0.199** (0.000)	-0.086 (0.074)	0.632** (0.000)	1.						
OWN	-0.160** (0.003)	0.043 (0.237)	-0.128* (0.015)	-0.114* (0.027)	1.					

---

29) Myers(1990)는 VIF 값이 10 이상이라면 다중공선성을 의심해 보아야 하며, 1보다 꽤 크다면 다
중공선성이 회귀모델을 편향되게 만들었다는 것을 의심해 보아야 한다. 또한, Tolerance 값이
0.1 이하라면 다중공선성으로 인한 심각한 문제가 있음을 의미하며, 0.2 정도라면 주시해야 할
정도의 문제가 있음을 의미한다고 주장하였다. 그러나 일부는 VIF 값이 4~5 이상이면 다중공
선성을 발생시키는 변수일 가능성이 있다고 주장하기도 한다. 따라서 5<VIF<10이면 다중공
선성을 의심할 수 있다고 볼 수 있다.

LOGta	0.841**	-0.415**	0.166**	0.022	-0.104*	1				
	(0.000)	(0.000)	(0.002)	(0.352)	(0.040)					
DFL	-0.055	0.020	-0.041	-0.035	-0.053	-0.053	1			
	(0.175)	(0.369)	(0.246)	(0.278)	(0.184)	(0.1850				
EBBP	-0.017	-0.078	0.198**	0.187**	0.007	-0.020	-0.007	1		
	(0.387)	(0.095)	(0.000)	(0.001)	(0.450)	(0.367)	(0.450)			
ROD	-0.044	-0.001	0.014	-0.023	0.002	-0.035	0.035	0.069	1	
	(0.228)	(0.493)	(0.406)	(0.350)	(0.489)	(0.277)	(0.275)	(0.123)		
DR	0.011	0.015	-0.035	-0.025	-0.011	0.067	-0.004	0.007	0.007	1.
	(0.429)	(0.398)	(0.279)	(0.339)	(0.427)	(0.129)	(0.475)	(0.452)	(0.452)	

주 1) **: 상관계수는 0.01 수준(양쪽)에서 유의하며, *: 상관계수는 0.05 수준(양쪽)에서 유의함.

   2) ( )는 유의확률임.

   3) *LOGrep*는 신고연도(t)의 수치이며, *MV_BV* 등 나머지 변수는 전년도(t-1)의 수치임.

첫째, 기업의 가치 평가차이(MV_BV_{t-1})는 자기주식취득규모($LOGrep_t$)와 유의적인 부(-)의 관계가 있는 것으로 나타났다. 여기에서 기업의 평가차이가 음(-)의 방향으로 증가된다는 것은 기업이 더욱 저평가된다는 것을 의미한다. 따라서 기업이 저평가되면 저평가될수록 자기주식을 취득하는 것으로 나타났다. 본 연구가설을 지지하고 있다. 따라서 기업가치의 저평가는 자기주식취득에 대한 의사결정 요인으로 볼 수 있다. 둘째, 잉여현금흐름 비율($FCflow_{t-1}$)은 자기주식취득규모($LOGrep_t$)와 유의적인 양(+)의 관계를 가지고 있는 것으로 나타났으며, 기업성과가 계속 향상되어 잉여현금흐름이 증가하면 기업은 재무전략의 일환으로 자기주식취득규모를 확대하여 유통주식수를 감소시킴으로써 주주자본이익률(ROE)을 상향 조정하려는 것으로 볼 수 있다. 따라서 본 연구가설을 지지하고 있다. 따라서 잉여현금비율은 자기주식취득에 대한 의사결정 요인으로 볼 수 있다. 셋째, 투자자산수익률($INVE_{t-1}$)은 자기주식취득규모($LOGrep_t$)와 유의석인 성(+)의 관계가 있는 것으로 나타나 투자자산수익률이 증가하면 증가할수록 자기주식취득규모도 증가하는 것으로 나타났다.
따라서 기업이 투자자산의 수익률 저하에 따른 대체투자자산으로
자기주식취득을 결정한다는 본 연구가설은 지지받지 못하였다. 반
면, 잉여현금흐름의 크기에 따라서 자산의 효율적 운용을 위해 자기
주식을 취득하는 것으로 볼 수 있다. 넷째, 지배주주의 주식소유 비
율(OWN_{t-1})은 자기주식취득규모($LOGrep_t$)와 유의적인 부(-)의 관
계가 있는 것으로 나타나 지배주주의 소유주식 비율이 낮은 경우 경
영권 안정을 위해 자기주식취득을 결정한다는 본 연구가설을 지지
하고 있다. 그러나 경영자는 경영권보호를 위해 자기주식취득규모를
확대하는 결정에는 소극적인 것으로 볼 수 있다. 다섯째, 기업 규모
($LOGta_{t-1}$)와 자사주취득규모($LOGrep_t$)와는 유의적인 정(+)의
관계가 있는 것으로 나타났다. 이는 기업 규모($LOGta_{t-1}$)가 클수록
소유지분이 적어도 주식수는 크기 때문에 자기주식취득규모가 증가
된다는 본 연구가설을 지지하고 있다. 즉, 기업이 클수록 자기주식
취득규모를 확대하여 유통주식수의 감소와 주가상승을 통해 기업사
냥꾼의 매입기회나 자금압박을 주는 등 적극적으로 M&A에 대응하
고 있는 것으로 해석할 수 있다. 따라서 기업 규모($LOGta_{t-1}$)는 자
기주식취득에 대한 의사결정 요인으로 볼 수 있다.

〈표 5-3〉 전체표본의 자기주식취득규모와 의사결정 요인의 회귀분석결과

모형	비표준화 계수	표준화 계수	t값	공선성 통계량		R^2	수정R^2	N
				TOL	VIF			
상수	4.791***		22.240					
MV_BV_{t-1}	-2.365**	-0.043	-1.298	0.808	1.238	0.756	0.748	288
$FCflow_{t-1}$	0.962***	0.111	2.791	0.558	1.791			

$INVE_{t-1}$	0.961***	0.106	2.735	0.587	1.705			
OWN_{t-1}	-0.107**	-0.048	-1.590	0.968	1.033			
$LOGta_{t-1}$	0.863***	0.805	23.932	0.778	1.285			
DFL_{t-1}	0.000	-0.005	-0.182	0.990	1.010	0.756	0.748	288
$EBBP_{t-1}$	-0.020**	-0.046	-1.509	0.942	1.061			
ROD_{t-1}	-0.003	-0.009	-0.297	0.987	1.013			
DR_{t-1}	0.015**	0.055	1.822	0.958	1.043			

주 1) 종속변수는 $LOGrep_t$.
　　2) ***은 1%, **은 5%, *은 10%의 유의수준을 나타냄.

여섯째, 괴리율($EBBP_{t-1}$)은 자사주취득규모($LOGrep_t$)와는 유의직인 부(-)의 관계가 있는 것으로 나타났다. 이는 괴리율이 클수록 EPS가 개선되므로 자기주식취득을 통해 EPS의 개선을 하려 하지 않는 반면, 괴리율이 작을수록 EPS 개선이 어렵기 때문에 자기주식을 취득하여 유통량의 조절을 통해 EPS 개선과 주가안정을 도모하려고 하는 것으로 해석할 수 있다. 따라서 이는 괴리율이 적을수록 자기주식취득규모를 확대한다는 본 연구가설을 지지하고 있다. 일곱째, 재무레버리지도(DFL_{t-1})와 배당수익률(ROD_{t-1})은 자기주식취득규모와는 유의적인 관계가 없는 것으로 분석되었다.

분석결과 이 중 자기주식취득규모($LOGrep_t$)를 결정하는 데 있어 가장 큰 영향을 미치는 의사결정변수는 표준화계수가 0.805인 기업규모($LOGta_{t-1}$)로 나타났다.

Ⅱ. 동기별 의사결정 요인 분석결과

기업이 자기주식을 취득할 때에는 취득신고서에 취득 동기를 제시하고 있으며, 기업이 제시하고 있는 이러한 법규적 동기는 실제로 기업의 재무전략상 취득 동기와는 다를 수 있다. 따라서 기업이 제시하고 있는 법규적 동기가 실제 기업의 자기주식취득에 대한 재무전략적 의사결정 요인과 일치하는가의 여부를 분석하는 것은 매우 중요하다고 할 수 있다. 이에 본 연구에서는 288건의 분석대상을 기업이 제시한 동기에 따라 ① 주가안정, ② 기업가치 제고, ③ 기타 동기,[30] ④ 무동기 등 4개의 그룹으로 구분하고, 신고서에서 제시된 법규적 동기와 재무전략상 동기의 동일성 여부와, 또한 동기별 자기주식취득을 결정하는 요인과 모든 동기에서 자기주식취득을 결정하는 공통요인을 분석하고자 한다.

1. 주가안정 동기

주가안정 동기 그룹은 103기업으로, 표본기업의 변수별 기초통계량은 자기주식취득규모($LOG\,rep_{\,t}$)는 평균이 9.7350, 기업가치 평가차이($MV\_BV_{\,t-1}$)는 평균이 -63,839원이며, 구체적인 내용은 <표 5-4>에서 보는 바와 같다.

또한, 주가안정에 동기 그룹의 설명변수 간에 다중공선성(multicollinearity)을 분석한 결과 <표 5-5>에서 보는 바와 같이, 독립변수들의 VIF의 값이 1.00에서 1.8 사이이며, Tolerance 값은 0.54에서 0.98 사이로

---

30) 기타 동기그룹은 신고건수가 적은 사주조합 부여, stock option, 임직원지급, 그리고 주가안정 혹은 기업가치 제고를 포함한 2개 이상의 동기를 제시한 기업그룹(group)을 말한다.

다중공선성 문제는 없는 것으로 분석되었다. 한편, 수정 R^2은 0.708로 선형관계를 잘 설명하고 있다. 따라서 의사결정 요인과 자기주식취득규모($LOGrep_t$)와의 관계를 분석한 결과는 다음과 같다.

<표 5-4> 주가안정 동기 표본기업의 변수별 기초통계량

모형	N	최솟값	최댓값	평균	표준편차
$LOGrep_t$	103	8.02	12.28	9.7350	0.8189
MV_MV_{t-1}	103	-1,075,306	59,822	-63,839	164,211
$FCflow_{t-1}$	103	-0.06	0.78	0.0948	0.0937
$INVE_{t-1}$	103	-0.07	0.32	0.0824	0.0690
OWN_{t-1}	103	0.10	6.35	0.3759	0.6093
$LOGta_{t-1}$	103	2.32	7.79	5.5224	0.7623
DFL_{t-1}	103	-5.62	4.56	1.0830	1.1331
$EBBP_{t-1}$	103	-19.89	2.95	0.5043	2.3966
ROD_{t-1}	103	0.00	11.98	2.2140	1.9249
DR_{t-1}	103	0.48	33.89	2.3080	3.4095

첫째, 기업가치 평가차이(MV_BV_{t-1}), 주식소유비율(OWN_{t-1}), -괴리율($EBBP_{t-1}$), 배당수익률(ROD_{t-1})은 모두 자기주식취득규모($LOGrep_t$)와 유의적인 부(-)의 관계를 나타내고 있다. 따라서 본 연구결과 경영자는 기업이 저평가될 경우, 경영권보호나 배당지급 대신에, 그리고 주가안정을 위해 자기주식취득에 대한 의사결정을 하는 것으로 볼 수 있다. 이러한 분석결과는 본 연구가설을 모두 지지하고 있으며, 모든 변수가 자기주식취득에 대한 의사결정 요인으로 볼 수 있다. 특히 주가안정을 나타내는 괴리율($EBBP_{t-1}$)의 경우, 괴리율이 적을수록 EPS의 개선이 어려우므로 자기주식취득을 통해 EPS를 개선하려는 것으로 볼 수 있기 때문에 주가안정을 위한 법적 동기와 새무선략적 농기가 일치한다고 볼 수 있다. 둘째, 투자자산

수익률($INVE_{t-1}$)과 기업 규모($LOGta_{t-1}$)는 자기주식취득규모와 유의적인 정(+)의 관계를 나타내고 있다. 투자자산수익률($INVE_{t-1}$)이 증가하면 증가할수록 자기주식취득규모도 증가하는 것으로 나타났다. 그 때문에 기업이 투자자산수익률 의 저하에 따른 대체투자자산으로 자기주식취득을 결정한다는 본 연구가설은 지지받지 못하였다. 기업의 규모가 클수록 지배주주의 지분비율이 낮아지므로 경영자는 적극적으로 M&A에 대응하기 위해 자기주식취득에 대한 의사결정을 한다고 볼 수 있으므로, 이는 본 연구가설을 지지하고 있다. 셋째, 잉여현금흐름 비율($FCflow_{t-1}$) 및 재무레버리지도(DFL_{t-1})는 자기주식취득규모와 유의적인 관계가 없는 것으로 나타났다.

분석결과 이 중 자기주식취득규모($LOGrep_t$)를 결정하는 데 있어 가장 큰 영향을 미치는 의사결정변수는 표준화계수가 0.755인 기업 규모($LOGta_{t-1}$)로 나타났다.

〈표 5-5〉 자기주식취득규모와 의사결정 요인의 회귀분석결과(주가안정)

모형	비표준화 계수	표준화 계수	t값	공선성 통계량 공차	VIF	R^2	수정R^2	N
(상수)	5.061***		13.135					
MV_BV_{t-1}	-4.119**	-0.083	-1.293	0.708	1.412			
$FCflow_{t-1}$	0.341	0.039	.534	0.541	1.848			
$INVE_{t-1}$	3.181***	0.268	3.660	0.539	1.856			
OWN_{t-1}	-0.064*	-0.048	-.880	0.980	1.020			
$LOGta_{t-1}$	0.811***	0.755	12.000	0.731	1.368	0.731	0.705	103
DFL_{t-1}	-0.017	-0.023	-.400	0.862	1.160			
$EBBP_{t-1}$	-0.023**	-0.067	-1.177	0.900	1.111			
ROD_{t-1}	-0.026*	-0.060	-1.078	0.922	1.084			
DR_{t-1}	-0.005	-0.023	-0.393	0.867	1.154			

주 1) 종속변수는 $LOGrep_t$.
　 2) ***은 1%, **은 5%, *은 10%의 유의수준을 나타냄.

2. 기업가치 제고 동기

자기주식취득 동기가 기업가치 제고에 있다고 신고한 그룹은 94개 기업으로, 표본기업의 변수별 기초통계량은 자기주식취득규모($LOGrep_t$)는 평균이 10.0177, 기업가치 평가차이(MV_BV_{t-1})는 평균이 -66,053원이며, 구체적인 내용은 <표 5-6>에서 보는 바와 같다.

〈표 5-6〉 기업가치 제고 표본기업의 변수별 기초통계량

모형	N	최소값	최댓값	평균	표준편차
$LOGrep_t$	94	8.38	12.14	10.0177	0.89012
MV_BV_{t-1}	94	-1,343,374	56,525	-66,053	184,884
$FCflow_{t-1}$	94	-0.06	0.53	0.1131	0.09649
$INVE_{t-1}$	94	-0.14	0.75	0.1120	0.12984
OWN_{t-1}	94	0.00	0.79	0.3114	0.15652
$LOGta_{t-1}$	94	4.59	7.42	5.7819	0.76056
DFL_{t-1}	94	-17.86	173.00	2.8526	17.94526
$EBBP_{t-1}$	94	-10.95	19.36	0.7929	2.33957
ROD_{t-1}	94	0.00	24.05	2.5072	2.85248
DR_{t-1}	94	0.38	6.82	1.8673	1.26558

또한, 기업가치 제고 동기 그룹의 설명변수 간에 다중공선성(multi-collinearity)을 분석한 결과 <표 5-7>에서 보는 바와 같이, 이 VIF의 값이 10 미만이고, Tolerance 값이 0.2 이상으로 독립변수 간에는 독립적이다. 따라서 다중공선성 문제는 없는 것으로 분석되었다. 한편, 수정 R^2 역시 0.840으로 선형관계를 잘 설명하고 있다. 따라서 의사결정 요인과 자기주식취득규모($LOGrep_t$)와의 관계를 분석한 결과는 다음과 같다.

첫째, 괴리율($EBBP_{t-1}$), 배당수익률(ROD_{t-1})은 자기주식취득규모와 유의적인 부(-)의 관계가 있는 것으로 나타났다. 이는 주가의 안정을 위해서, 배당지급을 대신하여 자기주식취득에 대한 의사결정을 하는 것으로 볼 수 있어 본 연구가설을 지지한다. 둘째, 기업가치 평가차이(MV_MB_{t-1}), 잉여현금흐름 비율($FCflow_{t-1}$)과 기업 규모($LOGta_{t-1}$)는 자기주식취득규모($LOGrep_t$)와 유의적인 정(+)의 관계가 있는 것으로 나타났다. 이는 기업의 수익이 커서 잉여현금흐름이 증가하거나, M&A에 적극 대응하기 위해서 자기주식취득에 대한 의사결정을 하는 것으로 나타나, 본 연구가설을 모두 지지하고 있다. 그러나 경영자는 기업가치가 저평가될수록 자기주식을 취득하는 것이 아니라, 기업가치가 고평가될수록 주식취득규모가 증가하는 것으로 나타나 본 연구가설은 지지받지 못하였다. 따라서 주주가치 제고 동기 그룹에서는 신고한 법률적 기업가치 제고 동기와 재무전략상 기업가치 제고 동기가 일치하지 않는 것으로 나타났다.

〈표 5-7〉 자기주식취득규모와 의사결정 요인의 회귀분석결과(기업가치 제고)

모형	비표준화 계수	표준화 계수	t값	공선성 통계량		R^2	수정R^2	N
				공차	VIF			
상수	3.838***		9.106					
MV_BV_{t-1}	2.384*	0.050	1.043	0.775	1.291			
$FCflow_{t-1}$	1.976***	0.215	2.794	0.297	3.371			
$INVE_{t-1}$	-0.247	-0.036	-0.492	0.330	3.028			
OWN_{t-1}	-0.030	-0.005	-0.109	0.787	1.271	0.856	0.840	92
$LOGta_{t-1}$	1.036***	0.883	16.304	0.599	1.671			
DFL_{t-1}	0.000	0.006	0.134	0.891	1.123			
$EBBP_{t-1}$	-0.015*	-0.039	-0.866	0.849	1.177			
ROD_{t-1}	-0.010*	0.031	-0.739	0.978	1.023			
DR_{t-1}	0.030*	0.042	0.910	0.841	1.190			

주 1) 종속변수는 $LOGrep_t$ 이고, 표본 수는 94개이나 유효변수는 92개임.
　　2) ***은 1%, **은 5%, *은 10%의 유의수준을 나타냄.

셋째, 투자자산수익률($INVE_{t-1}$), 지배주주의 소유주식비율(OWN_{t-1}) 및 재무레버리지도(DFL_{t-1})는 자기주식취득규모와 유의적인 관계가 없는 것으로 나타났다.

분석결과 이 중 자기주식취득규모($LOGrep_t$)를 결정하는 데 있어 가장 큰 영향을 미치는 의사결정변수는 표준화계수가 0.883인 기업규모($LOGta_{t-1}$)로 나타났다. 또한, 기업가치 동기그룹에서는 주가 안정과 기업가치 제고를 위한 동기에서 자기주식을 취득한다고 동기를 제시하고 있으나, 본 연구가설과 상반된 결과를 나타내고 있다. 이러한 경우는 경영시기 자기주식을 시고피는 것을 빈복하거나, 미래의 유상증자 등을 위해서 주식가격을 상승시키거나 또는 기업 내부정보를 이용한 내부거래 등 불공정 행위가 발생할 가능성이 있다.

3. 기타 동기

기타 동기로 분류된 그룹은 58개 기업으로, 표본기업의 변수별 기초통계량은 $LOG\,rep_t$의 평균은 9.8847이며, MV_BV_{t-1}는 -48226원이며, 이 외는 <표 5-8>과 같다.

〈표 5-8〉 기타 동기 표본기업의 변수별 기초통계량

모형	N	최솟값	최댓값	평균	표준편차
$LOG\,rep_t$	58	8.38	12.00	9.8847	0.82884
MV_BV_{t-1}	58	-805,558	156,295	-48,226	127,375
$FCflow_{t-1}$	58	-0.15	0.87	0.1035	0.12202
$INVE_{t-1}$	58	-0.12	0.29	0.0785	0.07368
OWN_{t-1}	58	0.03	0.78	0.3430	0.15161

$LOGta_{t-1}$	58	4.72	7.61	5.9287	0.84346
DFL_{t-1}	58	-2.82	5.00	1.0747	1.06107
$EBBP_{t-1}$	58	-1.91	3.56	0.7390	0.70373
ROD_{t-1}	58	0.00	8.60	2.2992	1.93876
DR_{t-1}	58	0.18	17.22	2.1449	2.76753

또한, 기타 동기 그룹에 대하여 다중공선성(multicollinearity)을 분석한 결과 <표 5-9>에서 보는 바와 같이 독립변수들의 VIF의 값이 1.1에서 1.6 사이로 1을 크게 벗어나지 않고 있다. 또한, Tolerance 값도 0.6에서 0.8로 0.1보다 크게 나타나 독립변수 간에 독립적임을 알 수 있다. 따라서 다중공선성 문제는 없는 것으로 나타났다. 한편, 수정 R^2은 0.683으로 선형관계를 잘 설명하고 있다. 따라서 자기주식취득에 있어 여러 동기를 두고 있는 기타 동기 그룹을 대상으로 의사결정 요인과 자기주식취득규모($LOGrep_t$)와의 관계를 분석한 결과는 다음과 같다.

첫째, 기업가치 평가차이(MV_MB_{t-1}), 지배주주의 소유주식비율(OWN_{t-1}), 괴리율($EBBP_{t-1}$) 및 배당수익률(ROD_{t-1})은 자기주식취득규모($LOGrep_i$)와 유의적인 부(-)의 관계가 있는 것으로 나타났다. 이는 기업가치가 저평가될수록, 지배주주의 소유비율이 적어 경영권위협이 클수록, 그리고 괴리율이 적어 EPS의 개선이 필요할수록, 배당수익률이 적을수록 자기주식취득규모를 확대한다는 본 연구가설을 지지하고 있다. 또한, 기타 동기 그룹에서는 기업이 제시하고 있는 기업가치 제고 동기와 주가안정 동기의 경우 법률적 동기와 재무전략적 동기가 일부 일치하고 있다.

<표 5-9> 자기주식취득규모와 의사결정 요인의 회귀분석결과(기타 동기)

모형	비표준화 계수	표준화 계수	t값	공선성 통계량		R^2	수정R^2	N
				공차	VIF			
(상수)	5.632***		8.993					
MV_BV_{t-1}	-1.1488*	-0.176	-1.889	0.638	1.568			
$FCflow_{t-1}$	0.320	0.047	0.541	0.734	1.362			
$INVE_{t-1}$	-0.111	-0.010	-0.118	0.787	1.271			
OWN_{t-1}	-0.305*	-0.056	-0.684	0.835	1.197	0.733	0.683	58
$LOGta_{t-1}$	0.719***	0.731	7.883	0.646	1.547			
DFL_{t-1}	0.021	0.027	0.344	0.896	1.117			
$EBBP_{t-1}$	-0.078*	-0.067	-0.818	0.839	1.191			
ROD_{t-1}	-0.025*	-0.059	0.727	0.850	1.177			
DR_{t-1}	0.051***	0.171	2.082	0.824	1.213			

주 1) 종속변수는 $LOGrep_i$.
　 2) ***은 1%, **은 5%, *은 10%의 유의수준을 나타냄.

둘째, 기업규모($LOGta_{t-1}$)는 자기주식취득규모와 유의적인 정 (+)의 관계가 있으며, 자기주식취득규모에 미치는 영향은 큰 것으로 분석되었다. 즉, 기업의 규모가 큰 기업일수록 자기주식취득규모를 절대적으로 확대하여 M&A에 적극적으로 대응하는 것으로 분석되었다. 그 때문에 M&A에 대응은 자기주식취득에 대한 의사결정 요인으로 볼 수 있다. 또한, 기업이 제시하고 있는 M&A에 대응이라는 법률적 동기와 재무전략적 동기와 부분적으로 일치한다고 볼 수 있다. 셋째, 잉여현금흐름 비율($FCflow_{t-1}$), 투자자산수익률($INVE_{t-1}$) 및 재무레버리지도(DFL_{t-1})는 자기주식취득규모와 유의적인 관계가 없는 것으로 나타났다.

분석결과 이 중 자기주식취득규모($LOGrep_t$)를 결정하는 데 있어 가장 큰 영향을 미치는 의사결정변수는 표준화계수가 0.731인 기업

규모($LOGta_{t-1}$)로 나타났다.

4. 무동기

무동기 그룹은 33개 기업으로, 표본기업의 변수별 기초통계량은 $LOG\,rep_{t}$ 의 평균은 10.274이며, MV_BV_{t-1} 는 279,570원이며, 이 외는 <표 5-10>과 같다.

<표 5-10> 무동기 표본기업의 변수별 기초통계량

모형	N	최솟값	최댓값	평균	표준편차
MV_BV_{t-1}	33	8.93	11.93	10.2740	0.89617
$FCflow_{t-1}$	33	-279,160	129,570	-39,737	75,323
$INVE_{t-1}$	33	0.00	0.29	0.1255	0.08162
OWN_{t-1}	33	-0.04	0.26	0.1012	0.08099
$LOGta_{t-1}$	33	0.02	0.77	0.3112	0.22484
DFL_{t-1}	33	4.71	7.27	5.9101	0.89365
$EBBP_{t-1}$	33	1.00	3.82	1.2560	0.49539
ROD_{t-1}	33	0.26	1.00	0.8502	0.15854
DR_{t-1}	33	0.00	8.20	3.0388	1.97057
DR_{t-1}	33	0.45	34.04	3.2659	5.86414

또한, 무동기 그룹에 대하여 다중공선성(multicollinearity)을 분석한 결과 <표 5-11>에서 보는 바와 같이 독립변수 중 괴리율($EBBP\,t-1$) 의 경우 VIF의 값이 10.03으로 10을 벗어나고 있으며, 또한 Tolerance 값도 0.1로 0.2에 미치지 못하고 있어 다중공선성이 있거나 의심되고 있다. 따라서 괴리율($EBBP\,t-1$)을 통계적 풀링(pooling) 방법을 이용하여 제외시키고 나머지 변수들의 다중공선성을 분석한 결과

<표 5-12>에서 보는 바와 같이 독립변수들의 VIF의 값이 1.2에서 2.6 사이로 1에서 크게 벗어나지 않고, Tolerance 값도 0.37에서 0.83으로 0.2를 크게 벗어나 다중공선성이 크게 약화되어 변수간에는 독립적인 것으로 나타났다. 한편, 수정 R^2값도 0.871로 선형관계를 잘 설명하고 있다. 따라서 의사결정 요인과 자기주식취득규모($LOGrep_t$)와의 관계를 분석한 결과를 보면 다음과 같다.

〈표 5-11〉 자기주식취득규모와 의사결정 요인의 회귀분석결과(무동기)

모형	비표준화 계수	표준화 계수	t값	공선성 통계량		R^2	수정R^2	N
				공차	VIF			
(상수)	3.120**		1.746					
MV_BV_{t-1}	1.155*	0.097	1.058	0.522	1.914			
$FCflow_{t-1}$	-1.192	-0.109	-0.612	0.140	7.152			
$INVE_{t-1}$	2.519***	0.228	2.263	0.435	2.301			
OWN_{t-1}	-0.058	-0.015	-0.142	0.422	2.371	0.899	0.859	33
$LOGta_{t-1}$	0.999***	0.996	7.703	0.263	3.798			
DFL_{t-1}	0.249*	0.138	0.760	0.134	7.442			
$EBBP_{t-1}$	0.789	0.140	0.665	0.100	10.032			
ROD_{t-1}	0.054**	0.118	1.317	0.548	1.824			
DR_{t-1}	0.020**	0.129	1.728	0.792	1.263			

주 1) 종속변수는 $LOGrep_t$.
   2) ***은 1%, **은 5%, *은 10%의 유의수준을 나타냄.

첫째, 기업가치 평가차이(MV_BV_{t-1}), 투자자산수익률($INVE_{t-1}$), 기업규모($LOGta_{t-1}$), 배당수익률(ROD_{t-1})은 자기주식취득규모($LOGrep_t$)와 유의적인 정(+)의 관계가 있는 것으로 나타났다. 무동기 그룹에서는 기업가치가 고평가될수록, 투자수익률이 증가할수록, 배당수익률이 증가할수록 자기주식취득을 확대하는 것으로 나타났다. 따라서 이들에 대한 본 연구가설은 지지받지 못하였다. 그러나 기업 규모가 큰 기업일수록 자기주식취득규모를 확대하여 M&A에 적극적으로 대응하는 것으로 나타나, 이는 본 연구가설을 지지하고 있다. 따라서 M&A에 대응은 자기주식취득에 대한 의사결정 요인으로 볼 수 있다.

〈표 5-12〉 자기주식취득규모와 의사결정 요인의 회귀분석결과(무동기)

모형	비표준화 계수	표준화 계수	t값	공선성 통계량		R^2	수정R^2	N
				공차	VIF			
(상수)	4.197***		5.642					
MV_BV_{t-1}	1.133*	0.095	1.051	0.523	1.912			
$FCflow_{t-1}$	-0.684	-0.062	-0.386	0.165	6.052			
$INVE_{t-1}$	2.664***	0.241	2.469	0.452	2.213			
OWN_{t-1}	-0.061	-0.015	-0.152	0.422	2.370	0.897	0.862	33
$LOGta_{t-1}$	0.961***	0.958	8.345	0.326	3.067			
DFL_{t-1}	0.049	0.027	0.384	0.864	1.158			
ROD_{t-1}	0.049**	0.108	1.235	0.565	1.769			
DR_{t-1}	0.021**	0.137	1.889	0.815	1.228			

주 1) 종속변수는 $LOGrep_t$ 2) $EBBP_{t-1}$ 제외.
　3) ***은 1%, **은 5%, *은 10%의 유의수준을 나타냄.

둘째, 지배주주의 주식소유 비율(OWN_{t-1}), 잉여현금흐름 비율($FCflow_{t-1}$) 및 재무레버리지도(DFL_{t-1})는 자기주식취득규모($LOGrep_t$)와 유의적인 관계가 없는 것으로 분석되었다.

분석결과 이 중 자기주식취득규모($LOGrep_t$)를 결정하는 데 있어 가장 큰 영향을 미치는 의사결정변수는 표준화계수가 0.958인 기업 규모($LOGta_{t-1}$)로 나타났다.

Ⅲ. 주요 분석결과

먼저, 전체표본을 대상으로 의사결정 요인과 자기주식취득규모와의 관계를 분석한 결과, 레버리지도(DFL_{t-1})를 제외한 나머지 변수들은 모두 자기주식취득에 대한 의사결정 요인으로 분석되었다. 그 중에서도 잉여현금흐름($FCflow_{t-1}$), 투자자산수익률($INVE_{t-1}$)과 기업 규모($LOGta_{t-1}$)는 자기주식취득규모를 결정하는 세 가지 주요 의사결정 요인으로 확인되었다. 이 중에서도 표준화계수가 가장 높은 기업 규모($LOGta_{t-1}$)가 주요 의사결정변수로 분석되었다.

다음, 법규에 따라 신고한 동기별로 의사결정 요인과 자기주식취득규모와의 관계를 분석한 결과, 첫째로 주가안정 동기 그룹에서도, 자기주식취득과는 유의적 관계가 없는 것으로 나타난 레버리지도(DFL_{t-1})를 제외한 나머지 변수들은 모두 자기주식취득의 의사결정 요인으로 나타났다. 한편, 괴리율이 감소하면 자기주식취득을 통해 주가를 안정시키려는 것으로 분석됨에 따라 법규적 주가안정 동기와 재무전략적 주가안정 동기가 일치하는 것으로 나타났으나, 엄밀히 말하면 주가안정 동기보다는 오히려 재무전략적으로 투자자산수익률($INVE_{t-1}$) 증대로 인해, 또는 M&A에 대응하기 위해 자기주식을 취득하는 것으로 볼 수 있다. 따라서 투자자산수익률($INVE_{t-1}$)과 기업 규모($LOGta_{t-1}$)는 자기주식취득규모를 결정하는 주요 요인으로 분석되었다. 이 중에서도 표준화계수가 가장 높은 기업 규모($LOGta_{t-1}$)가 주요 의사결정변수로 분석되었다. 둘째로, 기업가치 제고 동기 그룹의 경우 지배주주 소유주식비율(OWN_{t-1}), 투자자산수익률($INVE_{t-1}$)과 레버리지도(DFL_{t-1})는 자기주식취득과는 관계가 없으며, 나머지 변수는 모두 자기주식취득의 의사결정 요인으로 나타났다. 그러나 기업가치 평가차이가 적을수록 주식취득규모가 증가하는 것으로 나타나 기업가치 저평가와는 무관하여 법규적 동기와 재무전략적 동기가 일치하지 않았다. 반면에 재무전략상으로는 잉여현금흐름 비율의 증가로 인해, 또는 M&A에 대응하기 위해 자기주식을 취득하는 것으로 분석되었다. 따라서 잉여현금흐름($FCflow_{t-1}$)과 기업 규모($LOGta_{t-1}$)는 자기주식취득규모를 결정하는 주요 요인으로 볼 수 있다. 셋째, 기타 동기 그룹의 경우 잉여현금흐름($FCflow_{t-1}$), 투자자산수익률($INVE_{t-1}$)과 레버리지도(DFL_{t-1})는 자기주식취득과는 관계가 없으며, 나머지 변수는 모두 자기주식취득의 의사결정 요인으로 나타났다. 한편, 기타 동기 그룹에서는 주가안정과 기업가치 제고, 그리고 이들 동기를 포함한 경영권보호 및 M&A 등의 목적으로 자기주식을 취득하는 것으로 나타나고 있어 법규적 동기와 재무전략상의 동기와 일부 일치하는 것으로 나타났다. 그러나 엄밀히 한다면 이러한 동기 중에서 M&A 대응을 위해 적극적으로 자기주식을 취득하는 것으로 분석되었다. 따라서 기업 규모($LOGta_{t-1}$)만이 자기주식취득규모를 결정하는 주요 요인으로 볼 수 있다. 넷째, 무동기 그룹의 경우 기업가치 평가차이(MV_BV_{t-1}), 배당수익률(ROD_{t-1}), 투자자산수익률($INVE_{t-1}$)과 기업 규모($LOGa_{t-1}$)가 자기주식을 취득하는 의사결정 요인으로 분석되었다. 그러나 이 중 투자자산수익률($INVE_{t-1}$)과 기업 규모($LOGa_{t-1}$)만이 가장 강력한 의사결정 요인이며, 자기주식취득규모를 결정하는 주요 요인이라고 볼 수 있다.

6장

결론

먼저, 표본 전체와 자기주식취득 동기를 중심으로 자기주식취득을 결정하는 공통적인 요인이 무엇인가를 분석한 결과 다음과 같은 두 개의 요인이 공통요인으로 나타났다. 첫째는 M&A에 대한 방어변수인 기업 규모($LOGta_{t-1}$) 요인이다. 이유는 기업은 M&A의 방어를 목적으로 적극적으로 자기주식을 취득하는데, 이때 대기업이 소기업보다 M&A의 방어를 위해서 자기주식을 더 취득하는 것으로 분석되었다. 둘째는 기업은 잉여현금흐름이 많을수록 자기주식에 투자하는 것으로 나타났다. 또한, 일반적으로 투자수익이 감소하면 투자대상을 자기주식으로 대체하는 것으로 생각할 수 있으나 분석결과는 반대로 투자수익률이 증가하면 자기주식취득 비율이 증가하는 것으로 나타났다. 이는 현금흐름의 두 변수 잉여현금흐름 비율($FCflow_{t-1}$)과 투자자산수익률($INVE_{t-1}$)이다. 결론적으로, 세 가지 비율, 즉 기업 규모($LOGta_{t-1}$), 투자자산수익률($INVE_{t-1}$)과 잉여현금흐름 비율($FCflow_{t-1}$)이 자기주식취득에 대한 재무전략적 의사결정변수, 즉 자기주식취득 규모를 결정하는 사전적 주요 의사결정 요인으로 규명되었다.

한편, 동기 그룹별 분석에서는 기업이 제시하고 있는 법규적 동기와 재무전략상 동기의 일치 여부를 분석한 결과 주가안정과 기타 동기 및 무동기의 경우에는 보편적으로 법규적 동기와 재무전략상 동기가 일부 일치하는 것으로 나타났으나, 기업가치 제고 동기의 경우 법규적 동기와 재무전략상 동기가 일치하지 않는 것으로 나타났다. 이러한 불일치는 배당가능이익의 범위 내에서 자기주식취득이 허용되고 있는 현 제도에 기인할 수도 있지만, 불공정거래의 가능성도 배제할 수 없음을 시사하고 있다. 분석결과에서도 나타났지만 주주가치 제고 동기 그룹과 무동기 그룹 분석에서는 기업 저평가와 자기주식취득과의 관계에서는 거짓신호가설을 지지하고 있는 것으로 나타났고, 주가안정 동기 그룹 분석에서는 괴리율이 커서 EPS가 개선될 수 있음에도 유통주식수의 감소를 통해 주가를 안정시킨다는 목적으로 자기주식을 취득하고 있다. 이러한 경우는 경영자가 자기주식을 사고파는 것을 반복하거나, 미래의 유상증자 등을 위해서 주식가격을 상승시키거나 또는 기업 내부 정보를 이용한 내부거래 등 불공정 행위를 유발할 가능성이 있다. 따라서 불공정거래의 우려를 미리 차단하고, 자기주식취득 및 처분에 대한 거래의 공정성을 위하여 관련 제도의 선제적 점검이 필요함을 시사하고 있다.

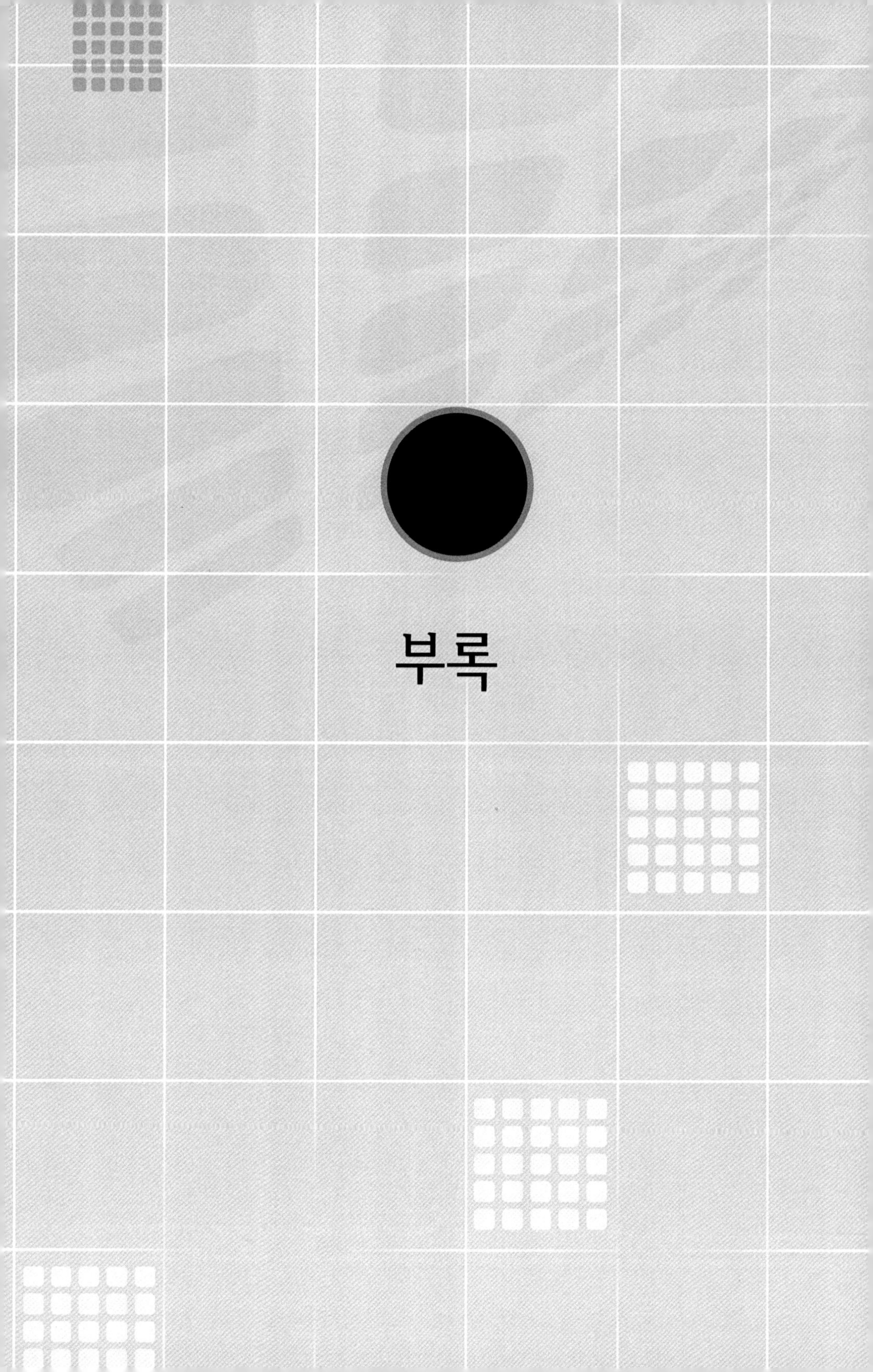

부록

자기주식취득 관련 법령

제341조(자기주식의 취득)

① 회사는 다음의 방법에 따라 자기의 명의와 계산으로 자기의 주식을 취득할 수 있다. 다만, 그 취득가액의 총액은 직전 결산기의 대차대조표상의 순자산액에서 제462조 제1항 각 호의 금액을 뺀 금액을 초과하지 못한다.

1. 거래소에서 시세(時勢)가 있는 주식의 경우에는 거래소에서 취득하는 방법

2. 제345조 제1항의 주식의 상환에 관한 종류주식의 경우 외에 각 주주가 가진 주식수에 따라 균등한 조건으로 취득하는 것으로서 대통령령으로 정하는 방법

② 제1항에 따라 자기주식을 취득하려는 회사는 미리 주주총회의 결의로 다음 각 호의 사항을 결정하여야 한다. 다만, 이사회의 결의로 이익배당을 할 수 있다고 정관으로 정하고 있는 경우에는 이사회의 결의로써 주주총회의 결의를 갈음할 수 있다.

1. 취득할 수 있는 주식의 종류 및 수

2. 취득가액의 총액의 한도

3. 1년을 초과하지 아니하는 범위에서 자기주식을 취득할 수 있는 기간

③ 회사는 해당 영업연도의 결산기에 대차대조표상의 순자산액이 제462조 제1항 각 호의 금액의 합계액에 미치지 못할 우려가 있는 경우에는 제1항에 따른 주식의 취득을 하여서는 아니 된다.

④ 해당 영업연도의 결산기에 대차대조표상의 순자산액이 제462조 제1항 각 호의 금액의 합계액에 미치지 못함에도 불구하고 회사가 제1항에 따라 주식을 취득한 경우 이사는 회사에 대하여 연대하여 그 미치지 못한 금액을 배상할 책임이 있다. 다만, 이사가 제3항의 우려가 없다고 판단하는 때에 주의를 게을리하지 아니하였음을 증명한 경우에는 그러하지 아니하다.

제341조의2(특정목적에 의한 자기주식의 취득)

회사는 다음 각 호의 어느 하나에 해당하는 경우에는 제341조에도 불구하고 자기의 주식을 취득할 수 있다.

1. 회사의 합병 또는 다른 회사의 영업전부의 양수로 인한 경우

2. 회사의 권리를 실행함에 있어 그 목적을 달성하기 위하여 필요한 경우

3. 단주(端株)의 처리를 위하여 필요한 경우

4. 주주가 주식매수청구권을 행사한 경우

제341조의3(자기주식의 질취)

회사는 발행주식총수의 20분의 1을 초과하여 자기의 주식을 질권의 목적으로 받지 못한다. 다만, 제341조의2 제1호 및 제2호의 경우에는 그 한도를 초과하여 질권의 목적으로 할 수 있다.

제342조(자기주식의 처분) 회사가 보유하는 자기의 주식을 처분하는 경우에 다음 각 호의 사항으로서 정관에 규정이 없는 것은 이사회가 결정한다.

1. 처분할 주식의 종류와 수
2. 처분할 주식의 처분가액과 납입기일
3. 주식을 처분할 상대방 및 처분 방법

제369조(의결권)

① 의결권은 1주마다 1개로 한다.

② 회사가 가진 자기주식은 의결권이 없다.

③ 회사, 모회사 및 자회사 또는 자회사가 다른 회사의 발행주식의 총수의 10분의 1을 초과하는 주식을 가지고 있는 경우 그 다른 회사가 가지고 있는 회사 또는 모회사의 주식은 의결권이 없다.

제462조(이익의 배당)

① 회사는 대차대조표의 순자산액으로부터 다음의 금액을 공제한 액을 한도로 하여 이익 배당을 할 수 있다.

1. 자본금의 액
2. 그 결산기까지 적립된 자본준비금과 이익준비금의 합계액

3. 그 결산기에 적립하여야 할 이익준비금의 액

4. 대통령령으로 정하는 미실현이익

②~④ **생략**

제9조(자기주식취득방법의 종류 등)

① 법 제341조 제1항 제2호에서 "대통령령으로 정하는 방법"이란 다음 각 호의 어느 하나에 해당하는 방법을 말한다.

1. 회사가 모든 주주에게 자기주식취득의 통지 또는 공고를 하여 주식을 취득하는 방법

2. 「자본시장과 금융투자업에 관한 법률」 제133조부터 제146조까지의 규정에 따른 공개 매수의 방법

② 자기주식을 취득한 회사는 지체 없이 취득 내용을 적은 자기주식 취득내역서를 본점에 6개월간 갖추어두어야 한다. 이 경우 주주와 회사채권자는 영업시간 내에 언제든지 자기주식 취득내역서를 열람할 수 있으며, 회사가 정한 비용을 지급하고 그 서류의 등본이나 사본의 교부를 청구할 수 있다.

제10조(자기주식취득의 방법)

회사가 제9조 제1호에 따라 자기주식을 취득하는 경우에는 다음 각 호의 기준에 따라야 한다.

1. 법 제341조 제2항에 따른 결정을 한 회사가 자기주식을 취득하려는 경우에는 이사회의 결의로써 다음 각 목의 사항을 정할 것. 이

경우 주식취득의 조건은 이사회가 결의할 때마다 균등하게 정하여
야 한다.

　가. 자기주식취득의 목적

　나. 취득할 주식의 종류 및 수

　다. 주식 1주를 취득하는 대가로 교부할 금전이나 그 밖의 재산
(해당 회사의 주식은 제외한다. 이하 이 조에서 "금전 등"이라 한다)의
내용 및 그 산정 방법과 주식취득의 대가로 교부할 금전 등의 총액

　라. 20일 이상 60일 내의 범위에서 주식양도를 신청할 수 있는 기
간(이하 이 조에서 "양도신청기간"이라 한나)

　마. 양도신청기간이 끝나는 날부터 1개월의 범위에서 양도의 대가
로 금전 등을 교부하는 시기와 그밖에 주식 취득의 조건

　2. 회사는 양도신청기간이 시작하는 날의 2주 전까지 각 주주에게
회사의 재무현황, 자기주식 보유 현황 및 제1호 각 목의 사항을 서
면으로 또는 각 주주의 동의를 받아 전자문서로 통지할 것. 다만, 회
사가 무기명식의 주권을 발행한 경우에는 양도신청기간이 시작하는
날의 3주 전에 공고하여야 한다.

　3. 회사에 주식을 양도하려는 주주는 양도신청기간이 끝나는 날까
지 양도하려는 주식의 종류와 수를 적은 서면으로 주식양도를 신청
할 것

　4. 주주가 제3호에 따라 회사에 대하여 주식 양도를 신청한 경우
회사와 그 주주 사이의 주식 취득을 위한 계약 성립의 시기는 양도
신청기간이 끝나는 날로 정하고, 주주가 신청한 주식의 총수가 제1
호 나목의 취득할 주식의 총수를 초과하는 경우 계약 성립의 범위는
취득할 주식의 총수를 신청한 주식의 총수로 나눈 수에 제3호에 따

라 주주가 신청한 주식의 수를 곱한 수(이 경우 끝수는 버린다)로 정
할 것

제19조(미실현이익의 범위)

법 제462조 제1항 제4호에서 "대통령령으로 정하는 미실현이익"
이란 법 제446조의2의 회계원칙에 따른 자산 및 부채에 대한 평가
로 인하여 증가한 대차대조표상의 순자산액으로서, 미실현손실과 상
계(相計)하지 아니한 금액을 말한다.

03 | 자본시장과 금융투자업에 관한 법률 [2011.8.4 개정]

제147조(주식 등의 대량보유 등의 보고)

① 주권상장법인의 주식 등을 대량보유(본인과 그 특별관계자가
보유하게 되는 주식 등의 수의 합계가 그 주식 등의 총수의 100분의
5 이상인 경우를 말한다)하게 된 자는 그날부터 5일(대통령령으로
정하는 날은 산입하지 아니한다. 이하 이 절에서 같다) 이내에 그 보
유상황, 보유 목적(발행인의 경영권에 영향을 주기 위한 목적 여부
를 말한다), 그 보유 주식 등에 관한 주요 계약내용, 그밖에 대통령
령으로 정하는 사항을 대통령령으로 정하는 방법에 따라 금융위원
회와 거래소에 보고하여야 하며, 그 보유 주식 등의 수의 합계가 그
주식 등의 총수의 100분의 1 이상 변동된 경우(그 보유 주식 등의
수가 변동되지 아니한 경우, 그밖에 대통령령으로 정하는 경우를 제
외한다)에는 그 변동된 날부터 5일 이내에 그 변동내용을 대통령령
으로 정하는 방법에 따라 금융위원회와 거래소에 보고하여야 한다.

이 경우 그 보유 목적이 발행인의 경영권에 영향을 주기 위한 것(임원의 선임·해임 또는 직무의 정지, 이사회 등 회사의 기관과 관련된 정관의 변경 등 대통령령으로 정하는 것을 말한다)이 아닌 경우와 전문투자자 중 대통령령으로 정하는 자의 경우에는 그 보고내용 및 보고시기 등을 대통령령으로 달리 정할 수 있다.

②～④ 생략

제161조(주요 사항 보고서의 제출)

① 사업보고서 제출 대상 법인은 다음 각 호의 어느 하나에 해당하는 사실이 발생한 경우에는 그 사실이 발생한 날의 다음 날까지 그 내용을 기재한 보고서(이하 "주요 사항 보고서"라 한다)를 금융위원회에 제출하여야 한다. 이 경우 제159조 제6항 및 제7항을 준용한다.

1～7 생략.

8. 자기주식을 취득(자기주식의 취득을 목적으로 하는 신탁계약의 체결을 포함한다) 또는 처분(자기주식의 취득을 목적으로 하는 신탁계약의 해지를 포함한다)할 것을 결의한 때

9. 그밖에 그 법인의 경영·재산 등에 관하여 중대한 영향을 미치는 사항으로서 대통령령으로 정하는 사실이 발생한 때

②～⑤ 생략

제165조의2(자기주식취득의 특례)

① 주권상장법인(외국법인 등은 제외한다. 이하 제165조의16 및 제165조의18을 제외한다. 이 장에서 같다)은 다른 법률에 따르는 경

우 외에는 해당 법인의 명의와 계산으로 자기주식을 취득할 수 있다.

② 주권상장법인은 제1항에 따라 자기주식을 취득하는 경우에는 다음 각 호의 방법에 따라야 한다. 이 경우 그 취득금액은 「상법」 제462조 제1항에 따른 이익배당을 할 수 있는 한도 이내이어야 한다.

1. 증권시장에서 취득하는 방법

2. 제133조 제1항에 따른 공개매수의 방법

3. 제3항에 따른 신탁계약에 따라 자기주식을 취득한 신탁업자로부터 신탁계약이 해지되거나 종료된 때 반환받는 방법. 다만, 신탁업자가 해당 법인의 자기주식을 제1호 또는 제2호에 따라 취득한 경우만 해당한다.

③ 주권상장법인이 금전의 신탁계약에 따라 신탁업자에게 자기주식을 취득하게 하는 경우에는 그 신탁계약의 계약금액을 제2항 각 호 외의 부분 후단에 따른 취득금액으로 본다.

④ 주권상장법인은 제1항부터 제3항까지의 규정에 따라 자기주식을 취득(신탁계약의 체결을 포함한다. 이하 이 조에서 같다)하거나 이에 따라 취득한 자기주식을 처분(신탁계약의 해지를 포함한다. 이하 이 조에서 같다)하는 경우에는 대통령령으로 정하는 요건·방법 등의 기준에 따라야 한다.

⑤ 주권상장법인은 이익배당을 할 수 있는 한도 등의 감소로 제2항 후단에 따른 범위를 초과하여 자기주식을 취득하게 된 경우에는 그날부터 대통령령으로 정하는 기간 이내에 그 초과분을 처분하여야 한다.

⑥ 주권상장법인이 제1항 및 제2항에 따라 자기주식을 취득하는 경우에는 「상법」 제341조의2 제1항부터 제3항까지의 규정을 적용하

지 아니한다.

제165조의3(이익소각의 특례)

① 주권상장법인은 다른 법률에 따르는 경우 외에는 주주에게 배당할 이익으로 주식을 소각할 수 있다는 뜻을 「상법」 제434조에 따른 결의로써 정관에 정하는 경우에는 이사회 결의로 주식을 소각할 수 있도록 할 수 있다.

② 제1항에 따라 주식을 소각하려는 경우 이사회는 다음 각 호의 사항을 결의하여야 한다. 이 경우 소각할 주식은 해당 이사회 결의 후 취득한 주식만 해당한다.

1. 소각할 주식의 종류와 총수

2. 소각하기 위하여 취득할 주식가액의 총액

3. 주식을 취득하려는 기간. 이 경우 그 기간은 이사회 결의 후 최초의 정기주주총회일 이전이어야 한다.

③ 주권상장법인은 제1항에 따라 주식을 소각할 목적으로 자기주식을 취득하는 경우에는 다음 각 호의 기준에 따라야 한다.

1. 제165조의2 제2항 제1호 또는 제2호의 방법에 따를 것. 이 경우 같은 항 제1호의 방법에 따른 때에는 그 취득기간과 방법이 대통령령으로 정하는 기준에 적합하여야 한다.

2. 소각을 위하여 취득할 자기주식의 금액이 해당 사업연도 말 「상법」 제462조 제1항에 따른 이익배당을 할 수 있는 한도에서 대통령령으로 정하는 금액 이하일 것

④ 주권상장법인은 제1항에 따라 주식을 소각한 경우에는 그 소각 결의 후 최초의 정기 주주총회에 제2항 각 호의 사항과 주식을

소각한 사실을 보고하여야 한다.

⑤ 주권상장법인이 제3항 제2호에 따른 한도를 위반하여 주식을 취득하여 소각한 경우에는 그 소각에 관한 이사회 결의에 찬성한 이사는 해당 법인에 대하여 그 한도를 초과하여 취득한 초과취득가액에 대하여 연대하여 배상할 책임을 진다. 다만, 이사가 상당한 주의를 하였음에도 불구하고 그 한도를 초과할 수밖에 없었음을 증명하면 배상책임을 지지 아니한다.

제165조의5(주식매수청구권의 특례)

① 주권상장법인이 「상법」 제360조의3·제360조의9·제360조의16·제374조·제522조·제527조의2 및 제530조의3(같은 법 제530조의2에 따른 분할합병의 경우만 해당한다)에서 규정하는 의결사항에 관한 이사회 결의에 반대하는 주주(「상법」 제370조 제1항에 따른 의결권 없는 주주를 포함한다. 이하 이 조에서 같다)는 주주총회 전(「상법」 제360조의9에 따른 완전자회사가 되는 회사의 주주와 같은 법 제527조의2에 따른 소멸하는 회사의 주주의 경우에는 같은 법 제360조의9 제2항 및 제527조의2 제2항에 따른 공고 또는 통지를 한 날부터 2주 이내)에 해당 법인에 대하여 서면으로 그 결의에 반대하는 의사를 통지한 경우에만 자기가 소유하고 있는 주식(반대 의사를 통지한 주주가 제391조에 따라 이사회 결의 사실이 공시되기 이전에 취득하였음을 증명한 주식과 이사회 결의 사실이 공시된 이후에 취득하였지만 대통령령으로 정하는 경우에 해당함을 증명한 주식만 해당한다)을 매수하여 줄 것을 해당 법인에 대하여 주주총회의 결의일(「상법」 제360조의9에 따른 완전자회사가 되는 회사의 주

주와 같은 법 제527조의2에 따른 소멸하는 회사의 주주의 경우에는 같은 법 제360조의9 제2항 및 제527조의2 제2항에 따른 공고 또는 통지를 한 날부터 2주가 경과한 날)부터 20일 이내에 주식의 종류와 수를 기재한 서면으로 청구할 수 있다.

② 제1항의 청구를 받으면 해당 법인은 매수청구기간이 종료하는 날부터 1개월 이내에 해당 주식을 매수하여야 한다.

③ 제2항에 따른 주식의 매수가격은 주주와 해당 법인 간의 협의로 결정한다. 다만, 협의가 이루어지지 아니하는 경우의 매수가격은 이사회 결의일 이전에 증권시장에서 거래된 해당 주식의 거래가격을 기준으로 하여 대통령령으로 정하는 방법에 따라 산정된 금액으로 하며, 해당 법인이나 매수를 청구한 주주가 그 매수가격에 대하여도 반대하면 법원에 매수가격의 결정을 청구할 수 있다.

④ 주권상장법인이 제1항에 따라 매수한 주식은 대통령령으로 정하는 기간 이내에 처분하여야 한다. 다만, 주주에게 배당할 이익으로 주식을 소각하려는 경우에는 제165조의3(같은 조 제2항 각 호 외의 부분 후단 및 같은 조 제3항 제1호는 제외한다)에 따라야 하며, 이 경우 같은 조 제2항 제2호를 적용함에 있어서는 "소각하기 위하여 취득할 주 시가의 총액"을 "소각할 주식가액의 총액"으로 하고, 같은 조 제2항 제3호를 적용함에 있어서는 "주식을 취득하려는 기간, 이 경우 그 기간은"을 "주식을 소각하려는 날. 이 경우 그날은"으로 하며, 같은 조 제3항 제2호를 적용함에 있어서는 "소각을 위하여 취득할 자기주식의 금액"을 "소각할 자기주식 가액의 총액"으로 한다.

⑤ 주권상장법인은 「상법」 제363조에 따라 같은 법 제360조의3,

제360조의16, 제374조, 제522조 및 제530조의3(같은 법 제530조의2
에 따른 분할합병의 경우만 해당한다)에서 규정하는 결의사항에 관
한 주주총회 소집의 통지 또는 공고를 하거나 같은 법 제360조의9
제2항 및 제527조의2 제2항에 따른 통지 또는 공고를 하는 경우에
는 제1항에 따른 주식매수청구권의 내용 및 행사 방법을 명시하여
야 한다. 이 경우 같은 법 제370조 제1항에 따른 의결권 없는 주주
에게도 그 사항을 통지하거나 공고하여야 한다.

제165조의18(주권상장법인에 대한 조치)

금융위원회는 다음 각 호의 어느 하나에 해당하는 경우에는 주권
상장법인에 대하여 이유를 제시한 후 그 사실을 공고하고 정정을 명
할 수 있으며, 필요하면 그 법인의 주주총회에 대한 임원의 해임 권
고, 일정 기간 증권의 발행 제한, 그밖에 대통령령으로 정하는 조치
를 할 수 있다. 이 경우 그 조치에 필요한 절차 및 조치기준은 총리
령으로 정한다.

1. 제165조의2 제2항을 위반하여 자기주식을 취득한 경우

2. 제165조의2 제4항을 위반하여 자기주식을 취득(신탁계약의 체
결을 포함한다)하거나 저분(신탁계약의 해지를 포함한다)한 경우

3. 제165조의2 제5항을 위반하여 같은 항에 따른 기간 이내에 자
기주식의 초과분을 처분하지 아니한 경우

4. 제165조의3 제1항 또는 제2항을 위반하여 이사회 결의 없이
주식을 소각한 경우

5. 제165조의3 제3항을 위반하여 자기주식을 취득한 경우

6. 제165조의3 제4항을 위반하여 정기주주총회에 같은 조 제2항

각 호의 사항과 주식을 소각한 사실을 보고하지 아니한 경우

7. 제165조의4를 위반하여 같은 조 각 호의 어느 하나에 해당하는 행위를 한 경우

8. 제165조의5 제2항을 위반하여 주식매수청구기간이 종료하는 날부터 1개월 이내에 해당 주식을 매수하지 아니한 경우

9. 제165조의5 제4항 본문을 위반하여 대통령령으로 정하는 기간 이내에 주식을 처분하지 아니하거나 같은 항 단서를 위반하여 주식을 소각한 경우

10. 제165조의5 제5항이 절차를 위반하여 통지 또는 공고를 하거나, 같은 항에 따른 통지 또는 공고를 하지 아니한 경우

11~24 생략.

제106조(신탁재산의 운용 방법 등)

①~④ 생략

⑤ 신탁업자가 신탁재산에 속하는 금전을 운용하는 경우에는 다음 각 호의 기준을 지켜야 한다.

1. 특정금전신탁인 경우(그 신탁재산으로 법 제165조의2 제3항에 따라 주권상장법인이 발행하는 자기주식을 취득·처분하는 경우만 해당한다)

가. 법 제165조의2 제2항 제1호 또는 제2호의 방법으로 취득할 것

나. 자기주식을 취득한 후 1개월 이내에 처분하거나 처분한 후 1

개월 이내에 취득하지 아니할 것

　다. 자기주식을 취득하고 남은 여유자금을 금융위원회가 정하여 고시하는 방법 외의 방법으로 운용하지 아니할 것

　라. 제176조의2 제2항 제1호부터 제5호까지의 어느 하나에 해당하는 기간 동안에 자기주식을 취득하거나 처분하지 아니할 것

　2~3 생략

　제109조(불건전 영업행위의 금지)

　①~② 생략

　③ 법 제108조 제9호에서 "대통령령으로 정하는 행위"란 다음 각 호의 어느 하나에 해당하는 행위를 말한다.

　1. 생략

　2. 신탁계약을 위반하여 신탁재산을 운용하는 행위

　3. 신탁계약의 운용방침이나 운용전략 등을 고려하지 아니하고 신탁재산으로 금융투자상품을 지나치게 자주 매매하는 행위

　4. 수익자(수익자가 법인, 그 밖의 단체인 경우에는 그 임직원을 포함한다) 또는 거래상대방(거래상대방이 법인, 그 밖의 단체인 경우에는 그 임직원을 포함한다) 능에게 업무와 관련하여 금융위원회가 정하여 고시하는 기준을 위반하여 직접 또는 간접으로 재산상의 이익을 제공하거나 이들로부터 재산상의 이익을 제공받는 행위

　5. 신탁재산을 각각의 신탁계약에 따른 신탁재산별로 운용하지 아니하고 여러 신탁계약의 신탁재산을 집합하여 운용하는 행위. 다만, 제6조 제4항 제2호에 해당하는 경우에는 이를 할 수 있다.

　6~10. 생략

제138조(금융위원회의 조치) 법 제132조 각 호 외의 부분 전단에서 "대통령령으로 정하는 조치"란 다음 각 호의 어느 하나에 해당하는 조치를 말한다.

1. 1년의 범위에서 증권의 발행 제한

2. 임원에 대한 해임권고

3. 법을 위반한 경우에는 고발 또는 수사기관에의 통보

4. 다른 법률을 위반한 경우에는 관련 기관이나 수사기관에의 통보

5. 경고 또는 주의

제153조(주식 등의 대량보유 등의 보고)

①~③ 생략

④ 법 제147조 제1항에 따른 보고를 하는 경우로서 본인과 그 특별관계자가 함께 보고하는 경우에는 보유 주식 등의 수가 가장 많은 자를 대표자로 선정하여 연명으로 보고할 수 있다.

⑤ 법 제147조 제1항 전단에서 "대통령령으로 정하는 경우"란 다음 각 호의 어느 하나에 해당하는 경우를 말한다.

1. 주주가 가진 주식수에 따라 배정하는 방법으로 신주를 발행하는 경우로서 그 배정된 주식만을 취득하는 경우

2. 주주가 가진 주식수에 따라 배정받는 신주인수권에 의하여 발행된 신주인수권증서를 취득하는 것만으로 보유 주식 등의 수가 증가하는 경우

3. 자기주식의 취득 또는 처분으로 보유 주식 등의 비율이 변동된 경우

4. 자본감소로 보유 주식 등의 비율이 변동된 경우

5. 신주인수권이 표시된 것(신주인수권증서는 제외한다), 신주인수권부사채권·전환사채권 또는 교환사채권에 주어진 권리행사로 발행 또는 교환되는 주식 등의 발행가격 또는 교환가격 조정만으로 보유 주식 등의 수가 증가하는 경우

⑥ 법 제147조 제1항 및 제4항에 따른 보고서의 서식과 작성 방법 등에 관하여 필요한 사항은 금융위원회가 정하여 고시한다.

제176조의2(자기주식의 취득·처분기준)

① 주권상장법인이 법 제165조의2에 따라 자기주식을 취득 또는 처분하거나 신탁계약을 체결 또는 해지하려는 경우 이사회는 다음 각 호의 사항을 결의하여야 한다. 다만, 주식매수선택권의 행사에 따라 자기주식을 교부하는 경우와 신탁계약의 계약기간이 종료한 경우에는 그러하지 아니하다.

1. 법 제165조의2 제1항·제2항 및 제4항에 따라 자기주식을 취득 또는 처분하려는 경우에는 취득 또는 처분의 목적·금액 및 방법, 주식의 종류 및 수, 그밖에 금융위원회가 정하여 고시하는 사항

2. 법 제165조의2 제3항에 따른 신탁계약을 체결 또는 해지하려는 경우에는 체결 또는 해지의 목적·금액, 계약기간, 그밖에 금융위원회가 정하여 고시하는 사항

② 주권상장법인은 다음 각 호의 어느 하나에 해당하는 기간 동안에는 법 제165조의2에 따른 자기주식의 취득 또는 처분 및 신탁계약의 체결 또는 해지를 할 수 없다.

1. 다른 법인과의 합병에 관한 이사회 결의일부터 과거 1개월간

2. 유상증자의 신주배정에 관한 기준일(일반 공모증자의 경우에는

청약일) 1개월 전부터 청약일까지의 기간

　3. 준비금의 자본전입에 관한 이사회 결의일부터 신주배정 기준일까지의 기간

　4. 제205조 제1항 제5호에 따른 시장조성을 할 기간

　5. 법 제174조 제1항에 따른 미공개 중요 정보가 있는 경우 그 정보가 공개되기 전까지의 기간

　6. 처분(신탁계약의 해지를 포함한다) 후 3개월간 또는 취득(신탁계약의 체결을 포함한다) 후 6개월간. 다만, 다음 각 목의 어느 하나에 해당하는 경우에는 그러하지 아니하다.

　가. 임직원에 대한 상여금으로 자기주식을 교부하는 경우

　나. 주식매수선택권의 행사에 따라 자기주식을 교부하는 경우

　다. 법 제165조의2 제2항 각 호 외의 부분 후단에 따른 한도를 초과하는 자기주식을 처분하는 경우

　라. 임직원에 대한 퇴직금·공로금 또는 장려금 등으로 자기주식을 지급(「근로복지기본법」에 따른 사내근로복지기금에 출연하는 경우를 포함한다)하는 경우

　마. 「근로복지기본법」 제2조 제4호에 따른 우리사주조합에 처분하는 경우

　바. 법령 또는 채무이행 등에 따라 불가피하게 자기주식을 처분하는 경우

　사. 「공기업의 경영구조개선 및 민영화에 관한 법률」의 적용을 받는 기업이 민영화를 위하여 그 기업의 주식과의 교환을 청구할 수 있는 교환사채권을 발행하는 경우

　아. 국가 또는 「예금자보호법」에 따른 예금보험공사로부터 자기

주식을 취득한 기업이 그 주식과 교환을 청구할 수 있는 교환사채권을 발행하는 경우(자목의 경우는 제외한다). 이 경우 교환의 대상이 되는 자기주식의 취득일부터 6개월이 지난 후에 교환을 청구할 수 있는 교환사채권만 해당한다.

　자. 아목에 따른 기업이 교환사채권을 해외에서 발행하는 경우로서 자기주식을 갈음하여 발행하는 증권예탁증권과 교환을 청구할 수 있는 교환사채권을 발행하는 경우

　차. 자기주식의 취득일부터 금융위원회가 정하여 고시하는 기간이 경과한 후 자기주식을 기초로 하는 증권예탁증권을 해외에서 발행하기 위하여 자기주식을 처분하는 경우

　카. 법 제165조의2 제2항 제3호에 따라 신탁계약을 해지하여 자기주식을 취득하는 경우

　③ 주권상장법인이 법 제165조의2 제1항 및 제2항에 따라 자기주식을 취득하려는 경우에는 법 제391조에 따라 이사회 결의 사실이 공시된 날의 다음 날부터 3개월 이내에 금융위원회가 정하여 고시하는 방법에 따라 증권시장에서 자기주식을 취득하여야 한다.

　④ 이 조를 적용할 때 주권상장법인이 제176조의13 제1항에 따라 소유하고 있는 상장증권 중 자기주식을 교환대상으로 하는 교환사채권을 발행한 경우에는 그 사채권을 발행하는 때에 자기주식을 처분한 것으로 본다.

　⑤ 주권상장법인이 금전의 신탁계약에 따라 신탁업자에게 자기주식을 취득하게 한 경우 제2항 제1호부터 제5호까지의 어느 하나에 해당하는 기간이 개시되는 때에는 지체 없이 그 신탁업자에게 그 기간이 개시된다는 사실을 통보하여야 한다.

제176조의3(한도초과분의 처분기간)

법 제165조의2 제5항에서 "대통령령으로 정하는 기간"이란 3년을 말한다.

제176조의4(주식의 소각을 위한 주식의 취득기간 및 방법 등)

① 법 제165조의3 제3항 제1호 후단에서 "대통령령으로 정하는 기준"이란 다음 각 호의 기준을 말한다.

1. 주식의 취득기간은 주식의 소각을 위한 법 제391조에 따라 이사회 결의 사실이 공시된 날의 다음 날부터 3개월 이내로 히되, 다음 각 목의 어느 하나의 기간과 중첩되지 아니할 것

가. 제176조의2 제2항 제1호부터 제5호까지의 어느 하나의 기간

나. 자기주식의 처분(신탁계약의 해지 및 자기주식을 교환대상으로 하는 교환사채권의 발행을 포함하되, 제176조의2 제2항 제6호 각 목의 어느 하나에 해당하는 경우는 제외한다) 후 3개월간

다. 법 제165조의2에 따른 자기주식의 취득 또는 처분기간

2. 증권시장에서 주식을 취득하는 경우에는 금융위원회가 정하여 고시하는 방법에 따를 것

② 법 제165조의3 제3항 제2호에서 "대통령령으로 정하는 금액"이란 「상법」 제462조 제1항에 따른 이익배당을 할 수 있는 한도액에서 다음 각 호의 금액의 합계액을 뺀 금액을 말한다.

1. 「자산재평가법」 제28조에 따른 재평가적립금

2. 그밖에 법, 이 영 및 다른 법령에 따라 적립하는 적립금 등으로서 금융위원회가 정하여 고시하는 금액

제176조의7(주주의 주식매수청구권)

① 법 제165조의5 제1항에서 "대통령령으로 정하는 경우"란 이사회 결의 사실이 공시된 날의 다음 영업일까지 다음 각 호의 어느 하나에 해당하는 행위가 있는 경우를 말한다.

1. 해당 주식에 관한 매매계약의 체결

2. 해당 주식의 소비대차계약의 해지

3. 그밖에 해당 주식의 취득에 관한 법률행위

② 법 제165조의5 제3항 단서에서 "대통령령으로 정하는 방법에 따라 산정된 금액"이란 다음 각 호의 금액을 말한다.

1. 증권시장에서 거래가 형성된 주식은 다음 각 목의 방법에 따라 산정된 가격의 산술평균가격

가. 이사회 결의일 전일부터 과거 2개월(같은 기간 중 배당락 또는 권리락으로 인하여 매매기준가격의 조정이 있는 경우로서 배당락 또는 권리락이 있은 날부터 이사회 결의일 전일까지의 기간이 7일 이상인 경우에는 그 기간)간 공표된 매일의 증권시장에서 거래된 최종시세가격을 실물거래에 의한 거래량을 가중치로 하여 가중산술평균한 가격

나. 이사회 결의일 전일부터 과거 1개월간(같은 기간 중 배당락 또는 권리락으로 인하여 매매기준가격의 조정이 있는 경우로서 배당락 또는 권리락이 있은 날부터 이사회 결의일 전일까지의 기간이 7일 이상인 경우에는 그 기간) 공표된 매일의 증권시장에서 거래된 최종시세가격을 실물거래에 의한 거래량을 가중치로 하여 가중산술평균한 가격

다. 이사회 결의일 전일부터 과거 1주일간 공표된 매일의 증권시

장에서 거래된 최종시세가격을 실물거래에 의한 거래량을 가중치로 하여 가중산술평균한 가격

2. 증권시장에서 거래가 형성되지 아니한 주식은 제176조의5 제1항 제2호 나목에 따른 가격 ③ 법 제165조의5 제4항 본문에서 "대통령령으로 정하는 기간"이란 해당 주식을 매수한 날부터 3년을 말한다.

제176조의13(교환사채의 발행)

① 법 제165조의11에 따라 주권상장법인은 이사회의 결의에 따라 해당 법인이 소유하고 있는 주식이나 그 밖의 다른 증권(법 제165조의2 또는 제165조의5에 따라 취득한 자기주식을 포함한다. 이하 이 조에서 같다)과 교환을 청구할 수 있는 권리가 부여된 사채(이하 이 조에서 "교환사채"라 한다)를 발행할 수 있다.

② 교환사채에 관하여는 사채청약서·채권 및 사채원부에 다음 각 호의 사항을 기재하여야 한다.

1. 주식이나 증권과 교환을 청구할 수 있는 권리가 부여되었다는 뜻

2. 교환할 주식이나 증권의 내용

3. 교환의 조건

4. 교환을 청구할 수 있는 기간

③ 교환사채를 발행하는 주권상장법인은 사채권자의 교환청구가 있는 때 또는 그 사채의 교환청구기간이 만료하는 때까지 교환에 필요한 주식이나 증권을 예탁결제원에 예탁하여야 한다. 이 경우 예탁결제원은 그 주식이나 증권이 신탁재산임을 표시하여 관리할 수 있다.

④ 교환사채를 주식이나 증권과 교환하는 경우에는 「상법」 제349

조 제1항 및 제350조를 준용한다.

제176조의18(주식매수선택권 부여 신고 등)

① 주권상장법인이 「상법」 제340조의2 제1항에 따라 주주총회 또는 이사회에서 주식매수선택권을 부여하기로 결의한 때에는 법 제165조의17 제1항에 따라 그 내용을 금융위원회와 거래소에 지체 없이 신고하여야 한다. 이 경우 해당 주권상장법인은 그 신고서에 주주총회 의사록 또는 이사회 의사록을 첨부하여야 한다.

② 법 제165조의18 각 호 외의 부분 전단에서 "대통령령으로 정하는 조치"란 제138조 제3호부터 제5호까지의 조치를 말한다.

05 **자본시장과 금융투자업에 관한 법률 시행규칙 [2012.3.2 개정]**

제14조(공개매수대상 주식 등의 수의 산정 방법)

① 생략

② 주식 등의 공개매수 여부를 판단할 때 법 제133조 제3항에 따른 주식 등의 총수는 의결권 있는 발행주식총수와 해당 매수 등(법 제133조 제2항에 따른 매수 등을 말한다. 이하 같다)을 한 후에 본인과 그 특별관계자(법 제133조 제3항에 따른 특별관계자를 말한다. 이하 같다)가 보유(법 제133조 제3항에 따른 보유를 말한다. 이하 같다)하는 주식 등[주권, 교환사채권의 교환대상이 되는 주권(자기주식은 제외한다), 파생결합증권의 기초자산이 되는 주권(자기주식은 제외한다) 및 증권예탁증권의 기초가 되는 주권은 제외한다]의 수를 합하여 계산한 수로 한다.

③ 주식매수선택권을 부여받은 경우에는 제1항에 따른 주식 등의 수와 제2항에 따른 주식 등의 총수에 해당하는 주식매수선택권의 행사에 따라 매수할 의결권 있는 주식(자기주식을 포함한다)을 각각 더한다.

제17조(대량보유 주식 등의 수의 산정 방법)

① 생략

② 주식 등의 대량보유 여부를 판단할 때 법 제147조 제1항에 따른 주식 등의 총수는 의결권 있는 발행주식총수와 법 제147조 제1항에 따른 대량보유를 하게 된 날에 본인과 그 특별관계자가 보유하는 주식 등[주권, 교환사채권의 교환대상이 되는 주권(자기주식은 제외한다), 파생결합증권의 기초자산이 되는 주권(자기주식은 제외한다) 및 증권예탁증권의 기초가 되는 주권은 제외한다]의 수를 합하여 계산한 수로 한다.

③ 주식매수선택권을 부여받은 경우에는 제1항에 따른 주식 등의 수와 제2항에 따른 주식 등의 총수에 해당 주식매수선택권의 행사에 따라 매수할 의결권 있는 주식(자기주식을 포함한다)을 각각 더한다.

참고문헌

김성민, 2003, 「자사주 매입의 정보효과: 매입한도 확대를 중심으로」, 『재무관리논총』 제9권 제1호, pp.69~93.

김윤태·서정욱, 2005, 「자기주식취득과 회계이익의 정보효과: 재량적 회계선택을 중심으로」, 『회계학 연구』 제30권 특별호 제1호, pp.1~25.

김정민, 2011, 「재무보고의 목적과 이익개념의 이원화 구조의 전개: IASB/FASB 공동프로젝트를 중심으로」, 『경영교육연구』 제27권 제2호, pp.529~554.

김철교, 1997, 「자사주관리가 한국주식시장에 미치는 영향에 관한 실증분석」, 『재무연구』 제13호. pp.169~195.

박석재·임재희, 2011, 「국제회계기준 도입 성과평가에 관한 연구」, 『경영교육연구』 제26권 제4호, pp.487~510.

변진호, 2004, 「저평가 자사주 매입공시의 허위정보신호효과와 장기성과」, 『증권학회지』 제33권 제1호, pp.207~248.

변진호·표민교, 2006, 「자사주 매입 기회주의 가설과 대주주의 보유주식 매도거래」, 『경영학연구』 제35권, pp.695~716.

산일증권경제연구소, 1992, "フランスにおける 자기주식매매의 실태", 『증권월보』, 11. no.531, pp.1~9.

설원식·김수정, 2005, 「자기주식취득 및 처분공시가 주주의 부에 미치는 영향-취득 및 처분목적을 중심으로-」, 『재무연구』 제22권 세1호, pp.37~69.

설원식·김수정·장호윤, 2004, 「자사주 매입이 기업의 배당 및 장기성과에 미치는 영향」, 『산업경제연구』 제17권 제4호, pp.1291~1315.

신민식·김수은, 2011, 「기업의 수익성이 자본구조에 미치는 영향」, 『경영교육연구』 제26권 제4집, pp.1~22.

소재환, 2013, 「우리나라 자기주식제도의 현황과 연구과제」, 『전자상거래학회지』 제14권 1호, pp.87~116.

神田秀樹, 1992, 「自己株式取得과 企業金融(上)」 『商事法務』 1291호, p.5.

연태훈, 2005, 「기업경영권 방어와 자사주 보유에 대한 분석, 기업경영권에 대한 연구」, 『한국개발연구원 연구보고서』, pp.283~336.

우춘식·신용균, 1996, 「주식매입에 관한 실증적 연구」, 『증권금융연구』 제2권, pp.97~114.

이익규·주상룡, 2005, 「자사주 매입동기에 관한 연구」, 『재무관리논총』, pp.243~273.

이철수·김현아, 2012, 「경영권 방어수단 도입이 기업가치에 미치는 영향」, 『경영교육연구』 제27권 제1호, pp.53~81.

이태희·김철규·임병문, 2000, 「자사주 매입공시 후 주가수익률의 추세분석」, pp.193~213.

정성창, 2004, 「자사주취득과 유상증자: 불공정 가능성의 제기」, 『증권학회지』 제33권 제3호, pp.123~156.

정성창·이용교, 1996, 「자사주 매입과 자사주 펀드 제도의 유효성」, 『재무연구』 제11호, pp.241~271.

정유식, 2012, 「기업의 명의신닥과 증여의제 과세에 관한 연구」, 『경영교육연구』 제27권 제1호, pp.235~257.

정창용·이용교, 2001, 「자기주식 매입전략과 기업가치」, 『재무연구』 제14권 제1호, pp.59~88.

주석배·소재환, 2013, 「기업재무전략에 따른 자기주식취득에 대한 의사결정 요인」, 『경영교육연구』 제28권 1호(통권 77집), pp.331~361.

Allen, F., A. E. Bernardo, and L. Welch, 2000, A Theory of Dividens based on Tax Clienteles, *Journal of Finance*, 56(6), pp.2499~2536.

B. G. Pettet, 1988, Gower's Principles of Modern Company Law Second Cumulative Supplement to the Fourth Edition (Stevens, 1988) p.28.

Bagnoli, Mark, Roger Gorden, and Barton L. Lipman, 1989, Stock Repurchases as a Takeover Defense, *Review of Financial Studies 2*, pp.423~1456.

Bagwell, Lauris S., 1991, Share Repurchases and Takeover Deterrence, Rand, *Journal of* Economics 22, pp.72~88.

Baker, H. K., G. E. Powell and E. T. Veit, 2002, Revisiting the Dividend Puzzle: Do All of Piece now Fit? *Review of Financial Economics*, 43, pp.341~3752.

Barclay, M. and C. W. Smith, 1988, Corporate Payout Policy: Cash dividened versus open-market repurchases, *Journal of Financial Economics*, 22, pp.61~82.

Bartov, Eli., 1991, Open-Market Stock Repurchases as Signals for Earning and

Risk change, *Journal of Accounting and Economics* 14, pp.275~294.

Brennam, Michael, and Anjan Thakor, 1990, Shareholder preference and dividend policy, *Journal of Finance*, 45, pp.993~1018.

Chou, D. and J. Lin, 2004, False Signals from Open-Market Stock Repurchases Risk change, *Journal of Accounting and Economics* 14, pp.275~294.

Dann, Larry Y., 1981, Common Stock Repurchases; An Analysis of Returns to Bondholders and Stockholders, *Journal of Financial Economics*, 9, pp.113~138.

Denis, David J., 1990, Defensives Changes in Corporate Payout Policy: Share Repurchases and Special Dividends, *Journal of Finance*, 45, pp.1433~477.

Dittmar, Amy K., 2000, Why do firms repurchase stock? *Journal of Business*, 73, pp.331~355.

Evans, John P., Robert T. Evans, and James A. Gentry, 2001, The decision to repurchase share A cash flow story, Working Paper, SSRN.

Fenn, George W. and Nellie Liang, 1998, Good news and bad news about share repurchase, Working Paper, FEDS.

Grullon, G. and R. Michaely, 2002, Dividends, Share Repurchases and the Substitution hypothesis, *Journal of Finance*, 57, pp.1649~1684.

Grullon, Gustavo, 2000, The information content of share repurchase programs, Working Paper, Rice Univ.

Hertzel, Michael and Prem C. Jain, 1991, Earning and Risk Changes around Stock repurchases Tender Offers, *Journal of Accounting Economics*, 14, pp.253~274.

Ikenberry, David and Josef Lakonishok, and Theo Vermaelen, 1995, Market under-reaction to open market share repurchases, *Journal of Financial Economics*, 39, pp.181~208.

Jagannathan, Murrali, Clifford P. Stephens, and Michael S. Weisbach, 2000, Financial flexibility and the choice between dividends and stock repurchase, *Journal of Financial Economics*, 57, pp.355~384.

Jensen, M. C., 1986, Agency cost of free cash flow, corporate finance, and takeover, *American Economic Review*, 76, pp.323~384.

Jung, Sung-Chang, Yong-Gyo Lee, and Jhon Thorton, 2006, Mixed Signals: Stock Repurchases Followed by Stock Offering in Korea, Working Paper, Presented at the 2006 EFA.

Kaplan, Steven, 1989, The effects of management buy-outs on operating performance and value, *Journal of Financial Economics, 24,* pp.217~254.

Lakonishok, Josef and Theo Vermaelen, 1990, Anomalous price behavior around repurchase tender offers, *Journal of Finance, 45,* pp.455~477.

Li, Kai and William McNally, 2000, Information signalling or agency conflicts: What explains canadian open market share repurchases? Working Paper, SSRN.

Masulis, R. W., 1980, Stock repurchases by tender offer: An Analysis of the causes of common stock price change, *Financial Economics, 35,* pp.305~319.

McNally, William J., 1999, Open market stock repurchases signalling, *Financial Management, 28,* pp.55~67.

Miller, M. H. and F. Modigliani, 1961, Dividend Policy, Growth and the Valuation of Shares, *Journal of Business, 34(4),* pp.411~433.

Myers, R. H., 1990, Classical and Modern Regression with Applications, and ed., Belomont, California: Duxbery Press.

Nohel, Tom and Vefa Tarhan, 1998, Share repurchases and firm performance: New evidence on the agency costs of free cash flow, *Journal of Financial Economics, 49,* pp.187~222.

Ofer, A. R. and A. V. Thakor, 1987, A theory of stock price responses to alternative corporate cash disbursement methods: Stock repurchases and dividend, *Journal of Finance, 42,* pp.365~394.

Opler, Tim and Sheridan Titman, 1993, The determinants of leveraged buyout activity: Free cash flow vs. Financial distress costs, *Journal of Finance, 48,* pp.1985~1999.

Persons, Jhon C., 1994, Signalling and Takeover Deterrence with Stock Repurchases: Dutch Auction versus Fixed Price Tender Offers, *Journal of Finance, 49,* 1373-1402.

R. F. Berner, Tolley's Company Law (Tolley, 2nd ed.), 1988, pp.1101~1102.

Solomon, E., 1963, The Theory of Financial Management, Columbia University Press, New York, 1963, p.85.

Stephens, Clifford P. and Michael S. Weisbach, 1998, "Actual share reacquisitions in open-market repurchase programs," *Journal of Finance, 53,* pp.313~333.

Vermaelen, Theo, 1981, Common stock repurchases and marketing signalling, *Journal of Financial Economics, 9,* pp.139~183.

Vermaelen, Theo, 1984, Repurchases Tender Offers, Signalling, and Managerial Incentives, *Journal of Financial and Quantitative Analysis 19,* pp.163~181.

주석배

원광대학교 법경대학 경영학과 졸업
연세대학교 경영대학원 석사과정 졸업
미국 신시내티대학교 한국인 경영관리자 개발프로그램 수료
명지대학교 사회과학대학 경제학과 경제학박사
원광대학교 경영대학 경영학과 경영학박사

한국증권거래소 종합감리시스템 개발위원회 제도팀장
한국증권거래소 30년사 집필위원
한국증권거래소(1급)
세기증권경제연구소 소장
현) 명지대학교 경제학과 강사
　　덕성여자대학교 경영학과 강사

『자본자유화와 기업의 경영권 안정』(공저, 1992)
『증권경제론』(2001)
『한국증권시장에서의 호가제도와 시장안정화』(2005)

소재환

덕성여자대학교 경영학과 조교수
한국경영교육학회 부회장
한국전자상거래학회 부회장
덕성여자대학교 경영연구소 소장
한국은행

「은행중심금융체제 대 증권중심금융체제의 비교연구」
「외환위기 이후의 우리 금융체제 변화에 관한 실증적 고찰」
「우리나라 금융체제와 산업별 성장에 관한 연구 등 다수」

자기주식취득
의사결정 요인

초 판 인 쇄 ｜ 2013년 10월 15일
초 판 발 행 ｜ 2013년 10월 15일

지 은 이 ｜ 주석배·소재환
펴 낸 이 ｜ 채종준
펴 낸 곳 ｜ 한국학술정보㈜
주　　　소 ｜ 경기도 파주시 문발동 파주출판문화정보산업단지 513-5
전　　　화 ｜ 031) 908-3181(대표)
팩　　　스 ｜ 031) 908-3189
홈 페 이 지 ｜ http://ebook.kstudy.com
E-mail ｜ 출판사업부　publish@kstudy.com
등　　　록 ｜ 제일산-115호(2000. 6. 19)

ISBN　　978-89-268-5328-3　93320